A IDEIA DO **SOCIALISMO**

Axel Honneth

A IDEIA DO SOCIALISMO

ENSAIO PARA UMA ATUALIZAÇÃO

tradução Saulo Krieger

martins fontes

Esta obra foi originalmente publicada em alemão sob o título *Die Idee des Sozialismus. Versuch einer Aktualisierung* por Suhrkamp Verlag AG.

Publisher *Evandro Mendonça Martins Fontes*
Coordenação editorial *Vanessa Faleck*
Produção editorial *Carolina Cordeiro Lopes*
Preparação *Júlia Ciasca Brandão*
Revisão *Lucas Torrisi*
Ubiratan Bueno
Diagramação *Renato Carbone*
Capa *Renata Milan*

Dados Internacionais de Catalogação na Publicação (CIP)
Angélica Ilacqua CRB-8/7057

Honneth, Axel
A ideia do socialismo / Axel Honneth ; tradução de Saulo Krieger. – São Paulo : Martins Fontes – selo Martins, 2022.
176 p.

Bibliografia
ISBN 978-65-5554-012-3
Título original: *Die Idee des Sozialismus*

1. Socialismo 2. Ciências sociais I. Título II. Krieger, Saulo.

21-4717 CDD-335

Índice para catálogo sistemático:
1. Socialismo

Todos os direitos desta edição reservados à
Martins Editora Livraria Ltda.
Av. Dr. Arnaldo, 2076
01255-000 São Paulo SP Brasil
Tel.: (11) 3116 0000
info@emartinsfontes.com.br
www.emartinsfontes.com.br

SUMÁRIO

Para meus filhos Johannes e Robert,
Que desde o início tornaram tudo mais fácil.

"Todavia CORAGEM, irmão e irmã!
Adiante – há que servir à Liberdade venha o que vier –;
Nulo é o que se deixa abater por um ou dois fracassos, ou por fracassos vários,
Ou pela indiferença ou a ingratidão das gentes, ou por alguma deslealdade,
Ou pelos colmilhos do poder, soldados, canhões, compêndios penais.

Nossa causa aguarda latente e eterna em todos os continentes,
A ninguém convida, nada promete, espera em paz e na luz, é confiante e serena, desconhece o desalento,
Aguarda paciente, aguarda sua hora."

Walt Whitman, "Aos revolucionários europeus vencidos", em *Folhas de relva* (1856).

Tradução: Maria do Carmo Zanini[1]

1 "COURAGE yet, my brother and sister!
Keep on – Liberty is to be subserv'd whatever occurs;
That is nothing that is quell'd by one or two failures, or by any number of failures,
Or by the indifference or ingratitude of the people, or by any unfaithfulness,
Or the show of the tushes of power, soldiers, cannon, penal statuses.

What we believe in waits latent forever through all the continents,
Invites no one, promises nothing, sits in calmness and light, is positive and composed, knows no discouragement,
Waiting patiently, waiting its time."

Walt Whitman, "To a Foil'd European Revolutionaire" [1856], in: *Leaves of Grass*

PREFÁCIO

Há nem bem cem anos, o socialismo era um movimento tão forte no seio da sociedade moderna que dificilmente algum teórico social eminente da época consideraria necessário dedicar-lhe um ensaio pormenorizado que em parte lhe fosse crítico, em parte bastante simpático, e ainda feito com zelo. No início, ainda no século XIX, essa foi a empreitada de John Stuart Mill, seguido por Émile Durkheim, Max Weber e Joseph Schumpeter, para citar apenas os mais importantes. Resguardadas as consideráveis diferenças de convicção e de programa teórico, todos esses pensadores mostravam-se concordes quanto a enxergar no socialismo um desafio intelectual que, com o passar do tempo, fatalmente teria de acompanhar o capitalismo. Hoje esse quadro mudou radicalmente. Por certo o socialismo continua a ser mencionado em contextos socioteóricos, mas parece haver um consenso segundo o qual seu tempo já passou. Já não se crê na possibilidade de ele suscitar novamente o entusiasmo das massas, como também de que seja capaz de se apresentar como alternativa ao capitalismo atual. Do dia para noite – e Max Weber esfregaria os olhos de incredulidade –, os papéis de dois grandes opositores no século XIX se inverteram: à religião, na condição de força ética, parece pertencer o futuro, ao passo que o socialismo é percebido como criação mental do passado. A convicção de que esse movimento de inversão se tenha dado rápido demais, razão pela qual não pode conter em si toda a verdade, é um dos dois motivos que me levaram a escrever o presente livro: a seguir, vou tentar mostrar que, no socialismo, ainda se oculta uma centelha viva, por mais que sua ideia diretriz tenha emergido de um invólucro conceitual enraizado nos primórdios do industrialismo e se tenha convertido num novo contexto socioteórico.

O segundo motivo que me fez redigir as ponderações a seguir está fortemente atrelado à recepção de meu último e abrangente estudo, *O direito da liberdade*[1]. Durante os numerosos debates ensejados pelo livro, não raro eu ouvia que meu ponto de partida metódico do horizonte normativo da modernidade revelava a nítida intenção de não querer envolver-me com a perspectiva crítica de uma transformação da ordem social dada[2]. Sempre que foi necessário e possível, defendi-me dessa objeção por escrito, a fim de mostrar que se fundamentava numa compreensão equivocada das restrições metodológicas que impus a mim mesmo[3]. Porém, mesmo assim, tive a sensação de que teria ainda de mostrar uma pequena mudança na perspectiva adotada em *O direito da liberdade* para que, doravante, a obra pudesse abrir-se para um ordenamento social constituído de maneira bastante diferente. Por isso, bem ao contrário do que fora a minha intenção original, vejo-me induzido a ter de acrescentar ao grande estudo um pequeno adendo, que deve deixar clara qual a visão assumida na

1 Axel Honneth, *Das Recht der Freiheit. Grundrisss einer demokratischen Sittlickeit*, Berlim, 2011 (*O direito da liberdade*. Trad. Saulo Krieger. São Paulo: Martins Fontes, 2014.)

2 Ver as contribuições presentes em: "Special Issue on Axel Honneth's Freedom´s Right". In *Critical Horizons*, 16/2 (2015).

3 Axel Honneth. "Rejoinder", *ibidem*, p. 204-226.

verdade pelas linhas de pesquisa que eu anteriormente reconstruíra apenas a partir de uma perspectiva interna.

Ambos os motivos assim relatados fizeram-me aproveitar o convite para as Conferências sobre Leibniz, realizadas em Hannover, em 2014, com vistas a uma primeira tentativa de atualização das ideias diretrizes do socialismo. Sou imensamente grato aos colegas e às colegas daquele Instituto de Filosofia, sobretudo a Paul Hoyningen-Huene, uma vez que me admitiram em seu ciclo anual de conferências para que eu versasse sobre um tema que por certo lhes é um tanto estranho. Os debates que aconteceram após as minhas conferências, em três noites seguidas, foram-me imensamente proveitosos, porque pude obter ideias claras do que seria necessário rever e ampliar. Acabei por inserir esses aspectos numa segunda versão de minhas conferências, que então se tornaram substancialmente mais abrangentes, em especial no que diz respeito a um socialismo revisado. Um amável convite de Rüdiger Schmidt-Grépály para assumir naquele ano o Distinguished Fellowship do Kolleg Friedrich Nietzsche, dirigido por ele em Weimar, deu-me por fim a oportunidade de, em junho de 2014, submeter uma segunda vez ao escrutínio crítico de um grande público o meu texto em sua versão revisada. Paralelamente a isso, realizou-se durante alguns dias um seminário com bolsistas da Studienstiftung des deutschen Volkes [Fundação Acadêmica para o Povo Alemão] em Wielandgut Oßmannstedt, nas proximidades de Weimar, e ali, graças a debates extremamente proveitosos, foi-me possível obter sugestões para correções posteriores. Aos participantes e às participantes daquele seminário, bem como, evidentemente, ao diretor e aos funcionários da referida instituição, também quero expressar minha gratidão.

Além disso, também quero agradecer a todos os amigos e colegas que me auxiliaram dando conselhos e propostas de aperfeiçoamento na redação do manuscrito. Em primeiro lugar quero mencionar aqui Fred Neuhouser, a um só tempo amigo íntimo e colega de confiança no Departamento de Filosofia da Columbia University, em Nova York, que desde o início me incentivou a trabalhar no presente texto, além de contribuir com uma série de valiosas sugestões. Aprendi muito com os comentários críticos que Eva Gilmer, Philipp Hölzing, Christine Pries-Honneth e Titus Stahl fizeram à primeira versão de minhas conferências. A eles sou agora, como já há anos, grato pela atenção e pela disposição em ajudar. Por último, também dirijo aqui meus calorosos agradecimentos a Hannah Bayer e Frauke Köhler, que me ajudaram de modo eficiente com a compilação bibliográfica e com a redação do manuscrito.

Axel Honneth, junho de 2015

INTRODUÇÃO

As sociedades em que vivemos encontram-se marcadas por uma cisão altamente insidiosa e difícil de explicar. Por um lado, há o desconforto em relação ao quadro socioeconômico, ao sistema produtivo e às condições de trabalho, desconforto que cresceu drasticamente nas últimas décadas. É provável que em momento algum, desde o final da Segunda Grande Guerra, tantas pessoas se mostraram ao mesmo tempo indignadas com as consequências sociais e políticas ensejadas pela economia de mercado capitalista desregulada em âmbito global. Por outro lado, porém, a essa indignação das massas parece faltar todo e qualquer sentido de orientação normativa e toda e qualquer sensibilidade histórica para encetar um objetivo à crítica apresentada, de modo que tal indignação se mantém muda e voltada para si mesma. É como se, diante desse disseminado desconforto, faltasse-nos a possibilidade de pensar além do quadro existente e imaginar um estado social para além do capitalismo. A dissociação entre exasperação e qualquer orientação de futuro, entre o protesto e toda e qualquer visão de algo melhor é efetivamente algo de novo na história das sociedades modernas. Desde a Revolução Francesa, os grandes movimentos de revolta contra as sociedades capitalistas foram sempre impulsionados por utopias que esboçavam imagens de como seria a sociedade no futuro – basta pensar nos ludistas destruidores de máquinas, nas cooperativas de Robert Owen, no movimento dos conselhos, ou nos ideais comunistas de uma sociedade sem classes. O fluxo de tais correntes do pensamento utópico, como teria dito Ernst Bloch, parece hoje interrompido. Embora as pessoas saibam realmente bem o que não querem e o que as faz indignarem-se com as atuais relações sociais, nem por isso parecem nutrir a mais vaga ideia da direção que uma mudança do quadro atual deveria assumir.

Encontrar uma explicação para esse súbito esgotamento das energias utópicas é mais difícil do que pode parecer à primeira vista. O colapso dos regimes comunistas em 1989, ao qual os observadores intelectuais gostam de remeter e de que deduzem o esfacelamento de todas as esperanças num estado para além do capitalismo, pode bem ser usado como causa. Afinal de contas, as massas indignadas, que hoje com razão se queixam do abismo crescente entre pobreza pública e riqueza privada, mas sem com isso terem à sua disposição uma ideia concreta acerca de uma sociedade melhor, por certo não se darão por convencidas apenas pela Queda do Muro, uma vez que o socialismo de Estado de viés soviético só oferecia benefícios sociais a custo da privação da liberdade. Acresce-se a isso o fato de que até a Revolução Russa não existia uma alternativa real ao capitalismo, e, no século XIX, de modo algum as pessoas se viam impedidas de imaginar uma vida em comum não violenta, pautada pela solidariedade e pela justiça. Por que então a falência do bloco de poder comunista teria o poder de atrofiar a capacidade humana, aparentemente congênita, de prover uma transposição utópica do quadro existente? Outra causa, frequentes vezes aventada para tentar explicar a ausência de perspectiva de futuro e de imaginação na indignação atual, é presumida pela mudança brusca de nossa consciência de tempo coletiva: com a entrada na "pós-modernidade", que se consumou primeiramente na arte e na arquitetura, e depois na cultura de um modo geral, as noções de um progresso orientado, características da modernidade, ter-se-iam se desvalorizado de modo tão duradouro que hoje, no coletivo, prevaleceria aquela consciência de uma repetição histórica do sempre igual. Assim, partindo dessa concepção de história nova e pós-moderna – isto de acordo com a segunda explicação –, as visões de uma vida melhor teriam deixado de ser viáveis com o extravio de toda ideia de que o presente, por um potencial que lhe seja intrínseco, sempre está além de si mesmo e aponta para um futuro aberto, de aperfeiçoamentos constantes. Em vez disso, o tempo vindouro seria representado muito mais como o que nada mais tem a oferecer além da mera encenação de formas de vida e modelos sociais já conhecidos do passado. Mas já o fato de, em outros contextos funcionais, ainda contarmos com progressos dignos de nota, e pense-se aqui, por exemplo, na medicina ou na implementação dos direitos humanos, deixa sobrevir a dúvida sobre se uma explicação desse tipo realmente é convincente: por que razão, nesse âmbito específico, da possibilidade de se reformar a sociedade, haveria uma incapacidade de imaginar ideias transcendentes se, em outros campos, estas ainda aparecem em ampla medida intactas? A tese de uma consciência histórica radicalmente diferente sugere que hoje se teria perdido toda e qualquer antecipação de uma novidade social, sem com isso se levar em conta as grandes esperanças, por certo exageradas, associadas hoje, por exemplo, a uma implementação universal dos direitos humanos[1]. E ainda uma terceira explicação poderia relacionar a diferença entre ambos os campos designados, portanto entre uma sobreposição, neutra em termos estruturais, de direitos sancionados em âmbito internacional e de uma reconstrução das estruturas de base da sociedade, para então concluir que as forças utópicas ficaram paralisadas apenas no segundo domínio. Tenho a impressão de que essa tese é a mais próxima da verdade, mas obviamente precisa ser um tanto mais elucidada, ou seja, demanda-se perguntar por que hoje o tema político-social já não pode ser carregado com esperanças utópicas.

Neste contexto, pode ser de valia fazer atentar aqui para o fato de que a consciência pública hoje escreve os processos socioeconômicos de modo muito mais complexo, e por isso confuso, para continuar a se valer deles por meio de uma intervenção orientada; ao que tudo indica, foram sobretudo os processos de globalização econômica, com suas transações de uma rapidez que quase não se pode abarcar, que se constituíram numa espécie de patologia de segunda ordem, e esta consiste no fato de que a população vê as condições institucionais da vida comum ainda apenas como relações "coisificadas", como dados que escapam a toda intervenção humana[2]. Apenas hoje a célebre análise do fetichismo, elaborada por Marx no primeiro volume d'O *capital*, obteria seu direito histórico; não o obteria no passado do capitalismo, quando o movimento trabalhista, em seus sonhos e visões, tinha por passível de mudança o quadro das condições existentes[3]. Porém, só mesmo

1 Samuel Moyn. *The Last Utopia. Human Rights in History*. Cambridge / Mass, 2010.

2 Titus Stahl. *Immanente Kritik. Elemente einer Theorie sozialer Praktiken*. Frankfurt am Main, 2013.

3 Ver Jacques Rancière *Die Nacht der Proletarier. Archive des Arbeitertraums*. Viena, 2013.

nos tempos atuais se disseminou a convicção generalizada de que as relações sociais são, de modo mais próprio, "relações sociais entre coisas"[4]. Se assim fosse, e as observações do cotidiano parecem confirmá-lo tanto quanto as análises empíricas[5], nossa capacidade de antecipar melhorias sociais na estrutura fundamental das sociedades atuais já não se poderia desenvolver, uma vez que essas sociedades, assim como coisas em sua substância, já não seriam passíveis de mudança. O cerne da questão seria não o desaparecimento de uma alternativa ao capitalismo realmente existente, nem uma conversão fundamental em nossa compreensão da história, mas o predomínio de uma concepção fetichista das relações sociais, que com isso teria de ser responsabilizada pelo fato de que a indignação disseminada ante a escandalosa distribuição de riqueza e poder tivesse hoje perdido, e de forma tão evidente, todo e qualquer sentido como objetivo a seu alcance.

No entanto, essa terceira explicação encontra-se ainda incompleta, uma vez que não dá nenhuma informação sobre por que as utopias tradicionais não possuem força para dissolver ou ao menos perfurar a consciência cotidiana reificante. Durante mais de um século as utopias socialistas e comunistas tiveram a capacidade de eletrizar de tal maneira o ânimo dos envolvidos com visões de uma vida comum melhor que se fizeram imunes às tendências, por certo igualmente existentes à época, de uma hipostasiação resignativa dos processos sociais. O escopo do que as pessoas então tomavam por "inevitável", e, com isso, por necessá-

4 Karl Marx. *Das Kapital*. In Karl Marx / Friedrich Engels. *Werke* (MEW), vol. 23, Berlim, 1971, p. 87.

5 Ver a obra exemplar de Pierre Bourdieu, *Das Elend der Welt. Zeugnisse und Diagnosen alltäglichen Leidens an der Gesellschaft*. Konstanz, 2002.

rio, na ordem social em ampla medida depende de fatores culturais, sobretudo da influência de padrões de interpretação políticos, e eles podem apresentar a necessidade aparente como algo de coletivamente modificável. Em seu estudo histórico *Injustiça*, Barrington Moore, de modo convincente, mostrou em que medida o sentimento de inevitabilidade desesperada começou a se retrair entre os trabalhadores alemães no momento em que lhes foram mostradas novas e poderosas interpretações de que a realidade institucional é algo meramente arranjado, de caráter negociado[6]. Ocorre que, à luz de tais ponderações, põe-se com tanto maior força a pergunta a respeito de quais as causas para que hoje todos os ideais clássicos que um dia foram influentes tenham perdido seu efeito revelador e destruidor da reificação. E deve-se perguntar de modo ainda mais concreto por que as visões do socialismo há um bom tempo já não detêm a força de convencer os interessados de que o aparente "inevitável" poderia ser mudado com esforço coletivo em favor de algo melhor. Com isso, chego ao tema das reflexões que eu gostaria de desenvolver nos quatro capítulos deste breve estudo. Interessam-me agora duas questões inter-relacionadas, que ademais me parecem ser de grande atualidade no tocante às ideias políticas: em primeiro lugar, desejo investigar as razões, sejam internas ou externas, que fizeram com que as ideias do socialismo perdessem de modo aparentemente tão irremediável seu potencial de atração; e, em segundo lugar, à luz das razões assim apresentadas, quero então perguntar quais mudanças conceituais teriam de ser feitas nas

6 Barrington Moore. *Ungerechtigkeit. Die sozialen Ursachen von Unterordnung und Widerstand*. Frankfurt, 1982, sobretudo cap. 14.

ideias socialistas para que com isso pudessem recuperar a virulência perdida. Contudo, minhas intenções me obrigam a, em primeiro lugar, mais uma vez reconstruir a ideia original do socialismo do modo mais claro possível (I); apenas num segundo passo vou-me voltar às razões que levaram ao envelhecimento dessas ideias (II). Nos dois capítulos finais, farei uma tentativa de relançar as ideias envelhecidas, valendo-me de inovações conceituais (III e IV). Mas deve-se aqui ressaltar desde o início que todas as reflexões desenvolvidas a seguir possuem um caráter metapolítico, já que não procuram produzir referência a constelações políticas e a possibilidades de ação no momento atual. Não se deverá proceder aqui a perguntas estratégicas sobre como o socialismo hoje poderia influenciar os acontecimentos políticos do dia a dia. Tratar-se-á, isto sim, de analisar como o seu desejo original poderia ser de novo reformulado para que se pudesse fazer fonte de orientações ético-políticas.

I
A IDEIA ORIGINAL: SUPRESSÃO DA REVOLUÇÃO NA LIBERDADE SOCIAL

A ideia do socialismo é filha espiritual da industrialização capitalista; ela veio à luz para o mundo quando, na sequência da Revolução Francesa, ficou claro que as reivindicações por liberdade, igualdade e fraternidade para grande parte da população se mantinham promessas vazias, e, por essa razão, estava-se muito distante de um desenvolvimento social. É bem verdade que o conceito de "socialismo" já tinha entrado na linguagem dos debates filosóficos muito antes, precisamente na segunda metade do século XVIII, quando eclesiásticos católicos se puseram a desmascarar a escola alemã do direito natural como heresia perigosa. À época, com o emprego do polêmico termo "*socialistae*", neologismo derivado do latim "*socialis*", fazia-se referência à tendência, que os pensamentos de Grotius e de Pufendorf permitiam presumir, de se fundamentar o ordenamento jurídico já não na revelação divina, mas sim no impulso humano à "sociedade"[1]. Esse emprego crítico leva-nos diretamente aos manuais das ciências jurídicas de fins do século XVIII, nos quais, com o conceito de "socialistas", no espaço de língua alemã, designava-se sobretudo

1 Wolfgang Schieder, "Sozialismus", in *Geschichtliche Grundbegriffe. Historisches Lexikon zur politisch-sozialen Sprachen in Deutschland*, Otto Brunner, Werner Conze e Reinhardt Koselleck (org.), vol. 5, Stuttgart 1984, p. 923-966, 924-927.

Pufendorf e seus discípulos. Não obstante, passado algum tempo, o termo perdeu todo o seu caráter acusatório, vindo a designar somente, e de forma neutra, a intenção de proporcionar ao direito natural uma fundamentação secular ao impulso à sociedade[2]. Porém, cerca de trinta anos depois, nas décadas de 1820 e 1830, as palavras inglesas "*socialist*" e "*socialism*" passaram a circular na Europa, e seu significado nada mais tinha a ver com o uso que originalmente possuía nos debates sobre o direito natural. Como se se tratasse de uma criação nova, os seguidores de Robert Owen, na Inglaterra, e os fourieristas, na França, serviam-se de ambos esses conceitos para se autodescrever, sem a eles associar nenhuma intenção de intervir nos debates filosóficos sobre fundamentações do direito[3]. No novo emprego, os dois termos tornaram-se muito mais "conceitos de movimento orientados para o futuro" (Wolfgang Schieder), com os quais se designava a intenção política de, por meio da fundamentação de acordos coletivos, contribuir para aproximar a sociedade existente de um estado que, acima de tudo, se pudesse denominar "social".

Por certo que já bem antes da primeira metade do século XIX havia esforços para, valendo-se de medidas específicas, transformar a sociedade em "social" – basta pensar aqui na tentativa de filósofos morais escoceses de refletir sobre os sentimentos humanos de simpatia recíproca para, a partir disso, desenvolver os princípios de uma comunidade bem ordenada. Também Gottfried Wilhelm Leibniz, insuspeito de toda e qualquer associação com

2 *Idem*, p. 930-934.

3 *Idem*, p. 934-939. Carl Grünberg remete esse novo emprego da expressão "*socialist*" aos seguidores de Robert Owen na década de 1820 na Inglaterra: ver "Der Ursprung der Worte 'Sozialismus' und 'Sozialist' in *Archiv für die Geschichte des Sozialismus und der Arbeiterbewegung*, 2 (1973), p. 372-379.

o socialismo, na juventude se inclinou para pensamentos dessa ordem quando, nutrindo ambições políticas, esboçou planos para a fundação de comunidades de acadêmicos, chamadas "sociedades"; adaptando o modelo platônico dos reis filósofos, essas organizações, que mais tarde passaram a ser designadas como "academias", serviam ao bem-comum da sociedade, com vistas ao qual assumiram não apenas funções de formação e de política cultural, mas também se viam responsáveis pela incorporação social da vida econômica[4]. No breve manuscrito "Sociedade e economia", que Leibniz redigiu em 1671, tem-se que, da parte da esfera de atuação econômica das futuras academias, dever-se-ia zelar pelo apoio financeiro aos pobres, bem como lhes garantir um salário mínimo, pôr um fim à concorrência econômica e, por essa via, fomentar o "verdadeiro amor e confiança" entre os membros da sociedade[5]; em algumas passagens, os esboços de Leibniz chegam a parecer antecipações das intenções radicais do que Charles Fourier, 150 anos mais tarde, viria a associar à criação de suas comunidades batizadas de "falanstérios"[6].

Entretanto, quando Fourier elaborou seus planos para uma sociedade cooperativa, ele já operava a partir de pressupostos normativos bem diferentes dos que podiam ser encontrados por Leibniz, em seu ambiente feudal. Nesse meio tempo, com seus princípios de liberdade, igualdade e fraternidade, a Revolução Francesa havia criado exigências morais de um ordenamento so-

4 Hans Heinz Holz. "Einleitung", in Gottfried Wilhelm Leibniz, *Politische Schriften II*, Hans Heinz Holz (org.). Frankfurt, 1967, p. 5-20.

5 Gottfried Wilhelm Leibniz. "Sozietät und Wirtschaft" [1671], in *Politische Schriften* II, p. 127-130, 129.

6 Charles Fourier. *Theorie der vier Bewegungen um der allgemeinen Bestimmungen*, Theodor W. Adorno (org.). Frankfurt, 1960, p. 50-56.

cial justo, e essas exigências poderiam ser acalentadas por qualquer pessoa que desejasse melhorar as condições sociais. Aqueles pensadores e ativistas que, na França e na Itália da década de 1830, começaram a se chamar "socialistas" faziam-no com plena consciência dessa dependência normativa em relação às inovações revolucionárias; já com Leibniz e outros reformadores sociais do período pré-burguês, o quadro era diferente, uma vez que tinham de conceber seus projetos como algo sem provisão da realidade política, podendo invocar princípios já institucionalizados e universalmente certificados para deles extrair diretamente consequências mais radicais. Por certo que, de início, não foi completamente óbvio de que maneira os agrupamentos recém-surgidos, que retrospectivamente vieram a ser chamados de "pré-socialistas", poderiam associar-se às três normas estabelecidas pela Revolução Francesa; é verdade que, desde a década de 1830, houve um vivo intercâmbio entre os seguidores de Robert Owen na Inglaterra e os movimentos saint-simonista e fourierista na França – a ideia de se apresentarem ambos como "socialistas" só surgiu depois que Owen visitou Fourier em Paris em 1837[7] –, mas as noções de um e outro acerca das mudanças sociais a se conquistar eram tão díspares que eles nem puderam reconhecer um objetivo compartilhado.

Em todos os três grupos, o ponto de partida da insurgência contra a ordem social pós-revolucionária certamente foi a indignação ante o fato de, ao mesmo tempo, haver uma consumada ampliação do mercado capitalista e grande parte da população estar impedida de se beneficiar dos prometidos fundamentos de

7 Schieder. "Socialismo", p. 936.

liberdade e igualdade[8]; foi considerado algo "degradante", "humilhante" ou simplesmente "imoral" que, não obstante a sua disposição, os trabalhadores e suas famílias, no campo ou na cidade, fossem postos à disposição e deixados ao arbítrio dos donos de fábricas e proprietários de terra que, por considerações de rentabilidade, impunham-lhes uma vida de contínua necessidade e crescente miséria. Se quisermos encontrar um denominador comum para a reação normativa com que todas as três referidas correntes de pré-socialismo responderam à percepção dessas relações sociais, seria útil começar por uma sugestão de Émile Durkheim. Em suas célebres conferências sobre o "socialismo", o sociólogo francês propôs que se intentasse definir o conteúdo do conceito como concordância entre as diferentes doutrinas socialistas na intenção de tornar a submeter ao poder de decisão dos representantes do Estado as diversas funções econômicas que haviam escapado ao controle social; por mais que as diferentes correntes do socialismo se diferenciassem em particularidades, segundo a convicção de Durkheim, elas comungavam da ideia de que a miséria das massas trabalhadoras só poderia ser corrigida por meio de uma nova organização das esferas econômicas no sentido de uma ligação das atividades ali exercidas com a formação da vontade da sociedade no âmbito social[9]. Mesmo que essa

8 Sobre o surgimento e história do socialismo, conferir, por exemplo: George Lichtheim, *Ursrprünge des Sozialismus*, Gütersloh, 1969; *Kurze Geschichte des Sozialismus*, Frankfurt, Viena und Zürich, 1977; G. D. H. Cole. *Socialist Thought*, vol. I: *The Forerunners 1789-1850*, Londres, 1955; Jacques Droz (org.), *Geschichte des Sozialismus*, vol. II: *Der utopische Sozialismus bis 1848*, Frankfurt / Berlim & Viena 1974. Interessante análise sociológica é proporcionada por Robert Wuthnow, *Communities of Discourse. Ideology and Social Structure in the Reformation, the Enlightenment, and the Europen Socialism*, Cambridge / Mass 1989, parte III.

9 Émile Durkheim, *Le socialisme* [1928]. Paris, 2011, p. 49: "*On appelle socialiste toute doctrine qui réclame le rattachement de toutes les fonctions économiques, ou de certaines*

definição ainda não seja suficiente para se compreender de fato a intensão normativa do socialismo, deixa entrever o solo comum de todos os movimentos e escolas que logo viriam a se desenvolver em seu nome. Tanto Robert Owen e seus adeptos quanto Saint--Simon e seus discípulos, ou ainda os fourieristas, cada qual desses grupos tomava como causa primeira da injustiça com as populações trabalhadoras o fato de o mercado capitalista ter escapado das leis de controle social, passando a seguir apenas as suas próprias leis de oferta e procura.

Contudo, se olharmos com mais atenção, e se, pondo de parte as diferenças, passarmos os olhos pelo vocabulário comum das correntes pré-socialistas, logo veremos que a proposta de Durkheim nem mesmo busca esclarecer a remissão normativa desses grupos aos ideais da Revolução Francesa[10]. A todo tempo ele se refere a esses grupos como se tratasse apenas do mesmo problema técnico da sociedade, qual seja, o da reintegração social do mercado, e não do objetivo historicamente muito mais próximo de realizar os já proclamados princípios de liberdade, igualdade e fraternidade para a massa da população. Tentativas semelhantes, impressionantes quanto à seriedade de seus esforços de garantir as ambições centrais do socialismo, sofreram dessa mesma ignorância quanto às forças propulsoras de caráter moral do novo movimento; a esse respeito se pode citar John Stuart Mill e Joseph Schumpeter, que, em seus respectivos tratados, mostraram

d'entre elles qui sont actuellement diffuses, au centre directeurs et conscients de la société." [Entendemos por socialista qualquer doutrina que exija a vinculação de todas as funções econômicas, ou de algumas entre elas atualmente difundidas, ao centro diretor e consciente da sociedade.] Bastante semelhante é a definição pretendida por John Dewey em suas *Lectures in China*, 1919-1920, Honolulu: 1973, p. 117 e ss.

10 Sobre essa remissão normativa à ideia da Revolução Francesa, ver também: Wuthnow, *Communities of Discourse*, p. 370 e ss.

a mesma visível inclinação a reduzir o projeto socialista a uma proposta de divisão mais justa dos recursos sem se referir em pormenor às intenções morais e éticas subjacentes[11]. Mas, se considerarmos com mais atenção as justificativas para seus projetos, veremos em que medida os primeiros pensadores a se chamar "socialistas" eram movidos na verdade por princípios autenticamente normativos, os quais se podia acreditar extraídos do catálogo das exigências da revolução que os antecedeu. Robert Owen, mais prático do que teórico, e por certo menos influenciado pelos efeitos colaterais da grande Revolução, fundamenta o estabelecimento de cooperativas de trabalhadores em New Lanark na proposta de que a experiência de trabalho para benefício mútuo educaria os membros das camadas inferiores para a "benevolência recíproca" e, nessa medida, para a solidariedade que viria a incluir até mesmo os estranhos[12]; não diferente disso, ainda que com reivindicações já mais fortes de fundamentação filosófico-social, Saint-Simon e seus seguidores se mostraram convencidos de que a real ausência de liberdade dos trabalhadores sob as condições capitalistas só poderia ser sobrepujada uma vez que, graças a um planejamento centralizado, fossem todos remunerados de acordo com suas capacidades, vindo a se criar assim uma "associação universal" de membros que se apoiariam reciprocamente[13]; e, por fim, também Fourier e seus alunos justifi-

11 John Stuart Mill. "Chapters on Socialism" [1879], in *Principles of Political Economy*. Oxford, 1998, p. 369-436. Johann Schumpeter. "Sozialistische Möglichkeiten von heute" [1920/21], in *Aufsätze zur ökonomischen Theorie*. Tübingen, 1952, p. 465-510.

12 Robert Owen, "Eine neue Gesellschaftsauffasung" [1813], in Vester, M. (org.) *Die Frühsozialisten* 17981-1848, vol. I, Reinbek bei Hamburg, 1970, p. 35-55; com Owen também comparar: Cole, *Socialist Thought*, vol. I, cap. IX e XI; Droz (org.), *Geschichte des Sozialismus*, vol. II, p. 29-48

13 Gottfried Salomon-Delatour (org.). *Die Lehre Saint-Simons*. Neuwied: 1962; Droz (org.). *Geschichte des Sozialismus*, vol. II, p. 113-130.

cam seus planos para uma comunidade de cunho cooperativo, que só mesmo por meio do estabelecimento de associações voluntárias de produtores, precisamente os já referidos "*phalanstères*", seria possível satisfazer de maneira adequada a exigência normativa de uma cooperação não coercitiva de todos os membros da sociedade[14]. Em parte alguma dessas fundamentações para a proposição de objetivos socialistas se coloca a transferência dos meios de produção para a propriedade comunitária; pelo contrário, quando ainda chega a ser considerada medida necessária, serve tão somente para que se possam realizar exigências de bem outra ordem, quais sejam, de caráter, em última instância, moral. Em primeiro plano, estão sempre o primeiro e último elemento do catálogo de princípios da Revolução Francesa, portanto a "liberdade" e a "fraternidade", enquanto a igualdade desempenha frequentemente apenas um papel subordinado. A leitura dos textos eventualmente chega a dar a impressão de que os três grupos socialistas já estavam satisfeitos com a igualdade jurídica de direitos de seu tempo, institucionalizada de forma apenas fragmentária, e aspiravam urgentemente a erigir, sobre essa mesma base jurídica, uma comunidade solidária de produtores que reciprocamente se complementariam em suas capacidades e contribuições. O pano de fundo dessas ideias normativas compõe uma convicção, mencionada de forma apenas marginal nos escritos de diferentes autores, mas que constitui uma fonte importante de suas concordâncias. De modo geral, partem todos do princípio de que o conceito de liberdade individual, até ali for-

14 Fourier, *Theorie der vier Bewegungen*, p. 50-56; Droz (org.), *Geschichte der Sozialismus*, vol. II, p. 131-143.

mulado, seria por demais estreito para ser compatibilizado com o conceito de fraternidade que, não obstante, foi concomitantemente alçado à condição de princípio. Com um pouco de boa vontade hermenêutica seria possível dizer que os três grupos pré-socialistas descobriram uma contradição interna ao catálogo de princípios da revolução, e essa contradição se deve ao fato de ter sido condicionada pela compreensão da liberdade proposta de forma ou meramente jurídica, ou individualista. Desse modo trabalharam todos, sem que disso se dessem conta, na tentativa de ampliar o conceito liberal de liberdade, a fim de torná-lo de algum modo compatível ao outro objetivo, o da "fraternidade".

Evidencia-se com mais nitidez a intenção de conciliar os princípios "liberdade" e "fraternidade" por meio de uma reinterpretação do primeiro conceito tão logo nos voltemos para autores que seguem a primeira onda dos grupos socialistas. Tanto Louis Blanc como Pierre-Joseph Proudhon, que, em outros aspectos, percorreram caminhos bastante diferentes[15], fundamentaram sua crítica à economia de mercado em expansão argumentando que viam espelhada nos seus fundamentos institucionais uma compreensão da liberdade que a associa à perseguição de interesses puramente privados, ao "egoísmo privado", como afirma Blanc[16]. Ambos os autores estão convencidos de que, à medida que se persiste em tal interpretação estreita da liberdade individual, nada é possível mudar não apenas junto às relações econômicas desvirtuadoras, mas também com isso não pode ser realizada a exi-

15 Ver Cole. *Socialist Thought*, vol. I, cap. XIX.

16 Louis Blanc. "Organisation der Arbeit" (extrato), in Louis Blanc / Axel Honneth (org.). *Der Wert des Marktes. Ein ökonomisch-philosophischer Diskurs vom 18. Jahrhundert bis zur Gegenwart*, Berlim, 2014, p. 174-190, 176.

gência oficial de uma vida em comum "fraterna" ou solidária. Nessa medida, Blanc e Proudhon partem da percepção de que a tarefa do socialismo por eles proposto é eliminar uma contradição existente nas reivindicações simultaneamente levantadas pela Revolução Francesa: não é possível dar passo algum na direção da realização do objetivo normativo da fraternidade, da ajuda mútua de caráter solidário, já que o outro objetivo, o da liberdade, é compreendido exclusivamente sob categorias de um egoísmo privado que se tem manifestado nas relações de concorrência do mercado capitalista. Por essa razão, os planos de política econômica, desenvolvidos por Blanc e Proudhon, para complementar o mercado ou o substituir por outras formas de produção e distribuição[17], são de antemão orientados pela intenção de concretizar na esfera do agir econômico uma espécie de "liberdade" que já não se ponha no caminho da aspiração à "fraternidade" ainda existente. As exigências normativas da Revolução Francesa só poderão ser realizadas se e quando se puder estabelecer a liberdade individual no centro da força econômica da nova sociedade não mais como perseguição de interesses individuais, mas como autocomplementação solidária.

Retomando a partir daqui a definição que Durkheim deu à ideia fundamental do socialismo, poderemos afirmar um primeiro resultado parcial: se o sociólogo francês de fato tem razão ao afirmar que a todo projeto socialista subjaz uma intenção comum de remeter as atividades econômicas de volta ao horizonte da formação da vontade social, não obstante ele ignora as razões normativas que estão na base dessa intenção. Da parte dos repre-

17 Sobre as diferenciações, ver novamente: Cole, *Socialist Thought*, vol. I, cap. XV e XIX.

sentantes do pré-socialismo, não se tratava de submeter a esfera econômica a diretivas sociais e com isso repelir a desgraça de uma moralização da sociedade a se dar apenas pela metade, isto é, ante as portas da economia. A principal preocupação desses autores não está em simplesmente garantir uma distribuição mais justa de recursos essenciais por meio de uma nova ordem econômica; para eles, trata-se muito mais de fazer com que uma comunitarização mais forte da produção sirva a objetivos morais, subtraindo à liberdade proclamada pela revolução o caráter de mera busca de satisfação de interesses privados, a fim de torná-la compatível com a outra promessa revolucionária, a de fraternidade, sob a nova forma de uma cooperação não coercitiva[18]. Visto dessa maneira, o socialismo se apresenta desde o início como um movimento de crítica imanente à ordem social moderna, capitalista. Se são aceitos seus fundamentos de legitimação normativa, da liberdade, igualdade e fraternidade, duvida-se, porém, de que se deixem realizar de modo isento de contradição, caso a liberdade seja pensada de forma não menos individualista e, com isso, marcadamente no sentido de uma consumação intersubjetiva.

Para uma compreensão do novo conceito de liberdade, cerne e ponto fulcral do movimento inteiro, os escritos dos autores até aqui citados são úteis em apenas poucas de suas passagens. Por certo que os primeiros grupos se valem de categorias como "associação", "cooperação" ou "comunidade", para com isso evidenciar seus modelos econômicos bastante distintos, e por certo que

18 A diferença entre as duas concepções de "socialismo" que trago à tona assemelham-se à de David Miller, quando ele diferencia duas abordagens da crítica socialista do capitalismo segundo a evocação, por uma ou por outra, ou de fundamentos da justiça distributiva, ou de argumentos da "*quality of life*": David Miller. "In What Sense Must Socialism be Communitarian", in *Social Philosophy and Policy*, 6/2 (1989), p. 51-73.

nas novas formas de produção e distribuição a autorrealização do indivíduo encontra-se estreitamente associada ao pressuposto da autorrealização do outro. Contudo, eles não fazem nenhum esforço conceitual para que as formas assim caracterizadas da limitação intersubjetiva apresentem-se por sua vez como alternativas ao entendimento da liberdade da tradição liberal, isto é, de uma liberdade meramente individualista. Proudhon já vai mais longe e, em escrito publicado em 1849, *Confissões de um revolucionário*, afirma que, "do ponto de vista social, as expressões de liberdade e solidariedade são idênticas"[19]; tal ideia é desenvolvida mediante clara alusão ao vocabulário da revolução, acrescentando que, diferentemente da *Declaração dos direitos do homem*, de 1893, o socialista entende a "liberdade de todos" não como uma "limitação", mas como um "auxílio" para a liberdade de todos os outros[20]. Entretanto, com essa inovadora proposta de conceito, Proudhon torna a ser ambíguo quando, no passo seguinte de sua argumentação relativa à viabilização de tal liberdade intersubjetiva, ele recomenda a implementação de bancos populares que concedam crédito isento de juros a pequenas cooperativas de trabalhadores. De súbito, é como se, de acordo com o que acreditava, a liberdade individual nos outros encontrasse uma espécie de amparo e auxílio, mas não propriamente uma condição para a sua realização[21]. Proudhon ainda oscila entre dois projetos contrários no que diz respeito ao conceito individualista de liberdade, cujas diferenças consistem no fato de, no primeiro

19 Pierre-Joseph Proudhon. *Bekenntnisse eines Revolutionärs* [1849]. Reinbek bei Hamburg, 1965, p. 150.

20 *Ibidem*.

21 A esse respeito, comparar as *Considerações sobre o princípio da reciprocidade*, de Proudhon, *ibidem*, p. 156.

projeto, a ação livre já estar consumada antes da participação do outro, ao passo que, no segundo projeto, tal ação só se completar nesse envolvimento, devendo ser consumada por meio dele. A depender de qual desses dois conceitos vier a ter a primazia, também a estrutura de tais "associações" ou "comunidades" é representada de forma diferente, com a sociedade só devendo assim ser "social" mediante uma intersecção de liberdade e fraternidade. No primeiro caso a comunidade se compõe de membros já livres que, por meio de atuação conjunta cooperativa, recebem estímulos e apoios adicionais, mas já não sua liberdade. No segundo caso, ao contrário, a atuação conjunta na comunidade tem de ser pensada como condição social, e somente por meio dela os membros chegam à consumação de sua liberdade, uma vez que podem complementar reciprocamente seus planos ainda por concluir.

Nos escritos dos pré-socialistas e também em Proudhon ainda não se tem em devida conta as diferenciações de compreensão da "liberdade social", como eu gostaria de referir doravante. Com efeito, já se pode observar ali uma consciência clara de que, ao projeto ainda inacabado da revolução burguesa, só seria possível dar continuidade, e de modo isento de contradições, se fosse superada a liberdade como individualismo que se reflete sobretudo na economia de mercado capitalista; com isso, seria possível conciliar essa liberdade à concomitante exigência de fraternidade. Ocorre que ainda não existiam os meios conceituais que permitissem entender o significado de se associar o anseio por liberdade individual diretamente ao pressuposto de uma vida em comum solidária. O primeiro passo nessa direção só seria ensaiado pelo jovem Marx, quando ele, mais ou menos ao mesmo tempo que

Proudhon, tomou para si a tarefa de esclarecer os fundamentos teóricos do novo movimento do socialismo[22]. Dada a origem alemã do teórico exilado em Paris, bastante familiarizado com as tentativas de fundamentação de seus aliados franceses, não foi nenhum desafio imediato elucidar o objetivo do projeto que começou a ser compartilhado de maneira conjunta no horizonte normativo da revolução conceitualmente inacabada. Por isso, ele pôde amplamente renunciar a conceitos como "fraternidade", "liberdade" ou "solidariedade" para, associando-se às pesquisas de seus contemporâneos em sua terra natal, proporcionar uma continuidade produtiva à herança hegeliana. Essa conexão com a terminologia de um idealismo naturalmente reinterpretado por Feuerbach trouxe-lhe um ganho em precisão conceitual, mas a desvantagem de uma maior opacidade na direção político-moral. Da mesma forma, também as primeiras obras de Marx ainda revelam a intenção clara de ultrapassar o conceito de liberdade, empregado na economia nacional e invertido como individualismo no mercado capitalista, conceito que não se mostrava compatível às exigências de uma "verdadeira" comunidade. Nessa medida, o que o jovem exilado trouxe ao papel na década de 1840 também pode ser entendido como um passo a mais no caminho para um socialismo imanente, e isso a partir do estabelecimento de objetivos contraditórios da ordem social liberal.

Em um de seus textos mais importantes da década de 1840 sob a forma de comentários ao livro de James Mill sobre a economia

22 A seguir passarei a me ocupar da obra marxiana somente em seus traços essenciais, no que for relevante para a autocompreensão do movimento socialista. Por isso, de modo algum se pretende aqui um debate de caráter fundamental voltado à sua teoria geral. Fazê-lo demandaria não apenas dizer mais, mas também dizer outras coisas sobre diversos aspectos.

política – e a esse texto tem-se atentado bastante ultimamente –, Marx elucida o que tinha por equivocado na constituição da sociedade da época, bem como suas ideias sobre uma vida em comum intacta[23]. De maneira ainda mais nítida que em seus célebres *Manuscritos de Paris*, esses comentários revelam sua inteira dependência em relação a Hegel, e isso se reflete no fato de que ambos os modelos sociais contrastados se caracterizam por dois modos diferentes de reconhecimento recíproco. Segundo Marx, sob as condições de uma sociedade capitalista, seus membros se relacionam de forma altamente indireta, uma vez que intercambiam seus respectivos produtos com o auxílio do dinheiro num mercado anonimizado. Em relações desse tipo, à medida que os outros participantes no mercado nem sequer incidem no campo de atenção do sujeito individual, isso se deve exclusivamente às capacidades abstratas de sua perspicácia empresarial e de orientação por seus próprios interesses, não por sua necessidade e individualidade concretas – em tal sociedade, como diz Marx em alusão irônica a Adam Smith, cada membro é apenas um "comerciante" para os demais[24]. Portanto, o reconhecimento que os membros devem nutrir uns em relação aos outros para poder compor uma comunidade integrada assumiria a forma de uma constatação recíproca do direito de "ludibriar" o outro. O texto afirma, e de forma brusca, que, na "relação social", o indivíduo

23 Karl Marx, "Auszüge aus James Mills Buch 'Élements d'économie politique', in Karl Marx / Friedrich Engels *Werke* (MEW), 'Ergänzungsband I. Berlim, 1968, p. 443-463; a esse respeito, ver, entre outros, Daniel Brudney, "Der junge Marx und der mittlere Rawls", in Jaeggi, Rahel / Loick, Daniel (org.). *Nach Marx, Philosophie, Kritik, Praxis*. Berlim, 2013, p. 122-163; sobre a complexidade integral do tema, ver também David Archard, "The Marxist Ethic of Self-Realization: Individuality and Community', in *Royal Institute of Philosophy Lecture Series*, vol. 22, 1987, p. 19-34.

24 Karl Marx, "Auszüge zus James Mills Buch", p. 451.

contribui, não por meio de ações consumadas individualmente, mas tão somente "na intenção da pilhagem"[25].

O que Marx empreende nessa primeira parte de suas reflexões nada mais é do que a reprodução, em categorias hegelianas, de argumentos com os quais seus predecessores socialistas já tinham analisado a impossibilidade de relações sociais "fraternas" ou "solidárias" sob as condições da economia de mercado: uma vez que os participantes do mercado se encontram reciprocamente apenas como sujeitos interessados em sua vantagem particular, razão pela qual não conseguem ter simpatia uns pelos outros e reciprocamente oferecer seu apoio, apoio que seria necessário para se poder falar em relações de fraternidade ou solidariedade. Como a querer ressaltar de maneira ainda mais drástica essa impossibilidade, em seu escrito, Marx chega a fazer uso de uma ideia da *Fenomenologia do espírito*, segundo a qual "nosso reconhecimento recíproco" possui efetivamente a forma de uma "luta", na qual vence aquele que dispõe de "mais energia, força, perspicácia ou destreza"[26].

Ao final de suas brilhantes explanações, Marx passa a uma descrição resumida, de poucos enunciados, das relações de produção que prevaleceriam quando os membros da sociedade viessem a se unir mediante um reconhecimento recíproco não de seu egoísmo privado, mas de suas necessidades individuais. O pano de fundo antropológico desse projeto é composto pela ideia tomada de Feuerbach, talvez também de Rousseau, segundo a qual as necessidades humanas sempre precisam da ação complementar de outros sujeitos para sua satisfação: a partir de um determinado grau de participação no trabalho, minha fome

25 *Idem*, p. 460.
26 *Ibidem*.

só pode ser saciada quando outros produzirem meios de subsistência por mim ansiados, e meu desejo de moradia adequada só pode ser satisfeito pelo pressuposto de que um círculo de trabalhadores braçais produza o espaço que se destine a tal. Porém, Marx está convencido de que essa dependência de uns em relação aos outros é sistematicamente suprimida do olhar dos participantes pelas relações de produção capitalistas acima descritas: embora nesse caso os sujeitos também efetivamente trabalhem para satisfazer uma demanda econômica com os produtos fabricados, satisfazendo, portanto, as necessidades subjacentes, sua motivação não está na consideração dos desejos dos outros participantes, mas única e exclusivamente no interesse egocêntrico de aumento de seu proveito. Segundo Marx, a situação seria bem diferente se os bens produzidos fossem trocados sem a intermediação de um mercado monetizado; nesse caso, no trabalho cada sujeito teria diante dos olhos a necessidade do outro, de modo que a peculiaridade humana se confirmaria na dependência de uns em relação aos outros tanto em sua própria ação quanto na reação antecipada do outro[27]. Embora Marx mencione apenas a "dupla afirmação" dos membros da sociedade entre si, o que ele tem em vista, evidentemente, são relações de produção nas quais as pessoas se reconheçam em necessidade recíproca: em uma "associação de produtores livres", como ele se referia em escritos posteriores, os membros já não estariam ligados por uma simples complementariedade anônima de seus fins respectivamente privados, mas partilhariam da preocupação com a autorrealização de todos os demais[28].

27 *Idem*, p. 462.
28 Ver a interpretação dessa passagem por Brudney, "Der junge Marx und der mittlere Rawls", p. 127-133.

Essa agudização do raciocínio marxiano é necessária porque, de seu modelo econômico concreto – que continua bastante vago –, ela permite destacar os elementos que apontam na direção de um conceito de liberdade social. Assim como seus precursores socialistas, Marx compreende como liberdade primeiramente apenas a concretização dos objetivos e intenções de cada um, e da forma menos impedida e limitada por coações externas. Também concorda com seus companheiros, uma vez que o exercício de tal liberdade sob as condições de produção capitalista encontra-se atrelado ao pressuposto de se ver no outro tão somente seus próprios interesses, violando assim o já institucionalizado princípio da liberdade. Para dissolver essa contradição interna, Marx esboça em amplos traços o modelo de uma sociedade na qual a liberdade e a solidariedade devem-se limitar uma a outra. Esta lhe parece possível quando a ordem social é constituída de tal maneira que todo indivíduo compreenda os objetivos que pretenda atingir ao mesmo tempo como condição da realização dos objetivos do outro, quando então as intenções individuais se façam ligadas com tamanha transparência que só as possamos realizar em consumação recíproca, na consciência de nossa dependência em relação ao outro. Entretanto, a referência ao termo "amor", que se encontra numa passagem central do texto[29], também permite nitidamente perceber que aqui os indivíduos têm de assumir uma posição positiva em relação aos outros não só no exercício, mas no assentamento de suas próprias intenções; afinal de contas, como no amor, também na associação acima descrita, minhas atividades têm de ser limitadas de antemão por objetivos

29 Karl Marx, "Auszüge aus James Mills Buch", p. 462.

tais que ao mesmo tempo sirvam à minha autorrealização como à de meu parceiro de interação, pois, de outro modo, essa liberdade não seria objeto consciente de minha preocupação.

Esse importante aspecto do modelo marxista faz-se ainda mais nítido se recorrermos a uma diferenciação introduzida por Daniel Brudney, relativamente à sua comparação entre Rawls e Marx; segundo a sua concepção, é possível diferenciar comunidades sociais cujos membros se relacionem por fins que se sobreponham ou que se inter-relacionem[30]. No primeiro caso, os sujeitos buscam objetivos compartilhados que, no entanto, podem ser atingidos em conjunto, sem que isso signifique terem de incluir no conteúdo as consecuções de objetivos individuais ao mesmo tempo; um bom exemplo dessa forma de realização coletiva de objetivos é apresentado pela concepção clássica de mercado, na qual cada participante deve poder seguir seus próprios interesses econômicos para, ao fim, pelo mecanismo da *invisible hand*, servir ao objetivo superior de aumento do bem-estar. Diferentemente do que se tem nisso, os objetivos complementares exigem dos membros da sociedade que contribuam conjuntamente para a sua consecução, uma vez que cada indivíduo faz desse objetivo em máxima ou em fim de seu próprio agir. Então, ainda segundo Brudney, os sujeitos não agem meramente uns com os outros, mas também "para os outros", pois com suas atividades desejam contribuir direta e voluntariamente para o alcance dos objetivos por todos compartilhados. No primeiro caso, dos objetivos que se sobrepõem, o fato de minhas ações de certo modo contribuírem para a sua realização é uma consequência

30 Brudney, "Der junge Marx und der mittlere Rawls", p. 135 e ss.

contingente do conteúdo de minhas intenções; já no segundo caso, que é o dos objetivos que se complementam, a mesma atividade se dá como consequência necessária de minhas intenções voluntariamente perseguidas.

A meu ver, é nesse último modelo que Marx muito nitidamente assenta sua alternativa à ordem de sociedade capitalista. Na linguagem do reconhecimento recíproco, que Marx utiliza a todo tempo em seus comentários sobre economia política, são formuladas as referidas diferenças da seguinte maneira: se, numa economia constituída segundo o mercado, os objetivos compartilhados são realizados sob a condição de que os membros se reconheçam reciprocamente apenas como beneficiários individuais, negando assim sistematicamente sua dependência recíproca, numa associação de produtores livres, a concretização comum dos objetivos se daria por meio de uma ação intencionada dos membros uns para com os outros, pois assim eles seriam reconhecidos reciprocamente em sua necessidade individual, orientando suas ações para a satisfação dessas necessidades. Ainda que o próprio Marx não fale a respeito, parece-me bastante evidente a sua crença de que, com seu modelo alternativo, ele teria atingido uma meta que, para seus precursores socialistas, não obstante todos os seus esforços, ainda estava longe de ser alcançada: ampliar ou reformular, de modo imanente, o conceito de liberdade individual, o princípio de legitimação da ordem social, de modo que este forçosamente acabasse por coincidir com as exigências de uma vida em comum solidária. Neste momento, a meu ver, parece necessário examinar de forma sistemática se o modelo apresentado de uma comunidade social é capaz de satisfazer a exigência de reconciliar liberdade e solidariedade individuais de modo novo.

No entanto, para proceder a essa análise, deve-se deixar temporariamente de lado o fato de os primeiros proponentes do socialismo terem desejado ancorar seu princípio de liberdade social exclusivamente na esfera do trabalho em sociedade. Desse modo, como se fosse possível organizar a partir disso a reprodução da sociedade como um todo, eles não atribuem à democracia política nenhum papel independente, razão pela qual tampouco são forçados a investigar criteriosamente se ali talvez já não estariam institucionalizadas outras formas de liberdade. Mas, antes que eu, como já foi dito, aborde esse defeito congênito do projeto socialista, devo em primeiro lugar atentar à questão de se o modelo esboçado de liberdade social constitui uma alternativa robusta e viável ao individualismo das ideias liberais de liberdade, o que os socialistas de primeira hora desenvolveram vem a ser de fato um entendimento novo e autônomo de liberdade, ou apenas uma ideia aperfeiçoada do que via de regra se designava como "solidariedade" ou, usando o conceito antigo, como "fraternidade"?

À primeira vista, a premissa do modelo liberal de liberdade configura ideia difícil de contestar, a de que só se pode falar bem de liberdade individual quando um sujeito puder perseguir seus próprios propósitos, agindo da maneira mais desimpedida e não coagida possível; num primeiro momento, essa liberdade de ação só conheceria um limite à medida que não suscitasse consequências na realidade, e consequências por meio das quais se pudesse limitar a liberdade de ação dos sujeitos coexistentes. Por isso o liberalismo já desde cedo associa a intenção de garantia universal dessa liberdade à ideia de um ordenamento jurídico passível de garantir que o indivíduo possa atuar de acordo com sua própria vontade com a mesma liberdade que lhe for permitida pela exigência, de igual força, da parte de cada outro indivíduo. Esse modelo de partida liberal tem um primeiro complicador já em Rousseau e, em sequência a ele, em Kant, que compartilham da convicção de que não se deve falar de liberdade individual quando as intenções de motivação da ação remetem a resoluções próprias – nesse caso, trata-se apenas de impulsos naturais. Por essa razão, ambos os pensadores associam a liberdade – uma liberdade até então indeterminada quanto à sua estrutura interna – ao pressuposto adicional de que a deliberação existente de início possa configurar um ato de autodeterminação, por meio do qual o sujeito garante seu ponto de partida tão somente por fins determinados por sua razão[31]. Essa passagem de uma compreensão "negativa" para uma "positiva", como Isaiah Berlin mais tarde viria se referir ao passo consumado por Rousseau e Kant, fazendo com isso uma advertência política[32], seria objeto de consenso entre os primeiros socialistas; pois ainda que o argumento em favor do novo modelo não tenha sido por eles compreendido em todos os pormenores, tornou-se quase óbvio, ou pelo *Contrato social*, de Rousseau, ou pela filosofia moral de Kant, que a liberdade individual só pode existir quando estabelecidos objetivos racionais, isto é, objetivos não diretamente ditados pela natureza. No entanto, ao determinarem o que se deve entender por "racional", por certo eles não seguem as propostas de Kant; afinal de contas, não é necessário iniciar por um pro-

31 Sobre essa passagem decisiva, ver J. B. Schneewind, *The Invention of Autonomy*. Cambridge, 1998, cap. 22 e 23.

32 Isaiah Berlin. "Zwei Freiheitsbegriffe", in Isaiah Berlin: *Freiheit. Vier Versuche*. Frankfurt, 1995, p. 197-256.

cesso individual de exame das próprias máximas, antes que elas resultem em ações que possam ser designadas como "livres". Muito mais parecem retomar as ideias de Rousseau, ou, no caso de Marx, de Hegel, já que, por diferentes motivos, ambos partem do princípio de que as intenções individuais em ampla medida podem ser vistas como livres se visarem à satisfação de necessidades não corrompidas, "naturais", ou correspondentes a determinada fase histórica da razão[33]. Portanto, para os socialistas de até então, a liberdade individual significa antes de mais nada poder concretizar em atos intenções mais ou menos compartilhadas, não submetidas a nenhuma outra coerção que não as derivadas das amplas exigências de todos os demais membros da sociedade por essa mesma liberdade.

No entanto, o giro peculiar que sobretudo Proudhon e Marx emprestam a esse modelo de liberdade positiva resulta de uma ideia essencialmente mais abrangente, a saber, como se pode criar aquela coerção não fundada, pela qual os sujeitos não possam ser obstruídos na realização de suas intenções livres. Segundo a concepção do liberalismo primevo, essa coerção consiste sobretudo em obstruções externas, cujo modelo é representado pelo poder de uma pessoa ou de uma corporação de impor a sua própria vontade a um sujeito[34]: na tradição republicana, hoje representada por autores como Quentin Skinner ou Philip Pettit, o alcance do que se pode chamar de coerção é ampliado, uma vez que agora também se tem de contar com a incidência da influên-

33 Sobre Rousseau, ver Frederick Neuhouse. *Pathologien der Selbstliebe. Freiheit und Annerkennung bei Rousseau*. Berlim, 2012, sobretudo p. 109, p. 170, p. 204, p. 208; sobre o complexo em Marx, ver Lawrence Hamilton. *The Political Philosophy of Needs*. Cambridge, 2013, p. 53-62.

34 Friedrich August von Hayek. *Die Verfassung der Freiheit* [1960]. Tübingen, 1971.

cia da vontade da outra pessoa – *freedom as non-domination*, segundo a fórmula que nesse ínterim se naturalizou no tocante à compreensão republicana de liberdade[35]. Mas os socialistas vão ainda mais longe ao assumirem que a coerção estaria presente quando as intenções racionais de uma pessoa, em exigência de realização, deparam com uma resistência social nas intenções contrapostas de outra pessoa. Segundo seu modo de ver, a realização individual de um fim racional no todo da sociedade só se pode consumar quando tiver a anuência de todas as outras realizações e vier a ser consumada por meio de sua ação complementar. Por isso, em última instância, só existe liberdade individual quando, nas palavras de Hegel, ela tiver assumido forma "objetiva" e, com isso se entenda, quando os demais membros da sociedade já não puderem ser considerados causadores possíveis de uma limitação das próprias intenções de agir, devendo ser levados em conta como parceiros de cooperação necessários à sua realização[36].

Nesse ponto da argumentação, para os socialistas entra em cena o peculiar conceito de comunidade, sempre mencionado por eles em associação ao de liberdade. Por mais que os socialistas possam diferir em sua terminologia, quando se trata de "comunidade", eles sempre têm em mente mais do que o comumente expresso pelo conceito. O conceito deve conter não apenas as convicções de valor compartilhadas e um certo grau de identificação aos fins comuns do grupo, mas sobretudo também um en-

35 Quentin Skinner. *Liberty before Liberalism*. Cambridge, 1998; Pettit. *Gerechte Freiheit. Ein moralischer Kompass für eine complelxe Welt*. Berlim, 2015.

36 Comparar com o conceito de liberdade hegeliano: Axel Honneth. "Von der Armut unserer Freiheit. Größe und Freiheit der Hegelschen Sittlichkeitslehre". In Axel Honneth / Gunnar Hindrichs (org.). *Freiheit. Internationaler Hegelkongress 2011*, Frankfurt, 2013, p. 13-20.

volvimento recíproco de seus membros uns com os outros e uma simpatia pelo outro – como traço comum dos socialistas, já nos tínhamos deparado com a ideia de que os objetivos não apenas se sobrepõem, como devem estar interligados intersubjetivamente, de modo que não se é ativo apenas "um com o outro", mas também precisamente "um para o outro"[37]. Nesse sentido se põe a pergunta sobre a ligação, concebida pelos socialistas, entre esse modelo de liberdade e seu conceito de liberdade.

Uma possibilidade de se produzir essa conexão poderia consistir em compreender a comunidade solidária como uma condição necessária para o exercício da liberdade acima descrita. Sob forma enfraquecida, isto é, deduzida dos elementos de participação recíproca no conceito de comunidade, Joseph Raz propôs essa tese no livro *The Morality of Freedom*. Segundo ele, os indivíduos não se podem valer de sua autonomia enquanto não viverem numa comunidade social que lhes disponibilize possibilidades concretas de realização dos objetivos ansiados por eles[38]. Mas os socialistas querem mais e conceituam as comunidades por eles esboçadas não simplesmente como pressuposto necessário do tipo de liberdade que têm diante dos olhos; tem-se muito mais a impressão de que o próprio cooperar na comunidade solidária deve valer como consumação da liberdade, já que tudo o que for anterior a esse conceito nem merece ser levado em conta. Desse modo, liberdade social significa tomar parte numa comunidade em que os membros tenham simpatia uns pelos outros a ponto

37 Sobre essa diferenciação, ver também o excelente estudo de Andrew Mason, *Community, Solidarity and Belonging. Levels of Community and their Normative Significance*. Cambridge, 2000, sobretudo cap. I.I (p. 17-41).

38 Joseph Raz. *The Morality of Freedom*. Oxford, 1986, p. 37-311; a esse respeito, compara Mason, *Community, Solidarity and Belonging*, p. 55 e ss.

de se auxiliarem reciprocamente na satisfação das necessidades justificadas. Com esse emprego, a categoria da liberdade se converte em elemento de um individualismo holístico: o que é pensado como liberdade – a realização mais desobstruída possível das próprias intenções ou fins de cada um – não pode ser concretizado pela pessoa tomada individualmente, e sim apenas por um coletivo constituído de modo correspondente, sem que este, por tal motivo, deva ser considerado como entidade de estrato mais elevado que o de suas partes[39]. Os socialistas consideram que o grupo social como um todo se converte num meio para a liberdade, entendida como propriedade, capacidade ou desempenho, mas sua existência, por sua vez, não resulta da atuação conjunta dos sujeitos individuais. Por certo que o coletivo só se torna portador da vontade individual quando chega a estabelecer, e assim também institucionalizar, determinados modos de relação de seus membros; isso inclui, em lugar proeminente, uma simpatia recíproca, cuja consequência é a preocupação de cada um com a autorrealização do outro por motivos não instrumentais. Na visão dos socialistas, para poder implementar esses modos de comportamento no seio da comunidade social, todos os compromissos negativos que supostamente caracterizam a sociedade capitalista serão omitidos: uma vez que os sujeitos então alimentem uma simpatia recíproca, tratarão uns aos outros fundamentalmente como iguais, a partir de então renunciando a qualquer exploração ou instrumentalização.

A ideia original do socialismo se enraíza na noção de que futuramente se poderia constituir toda uma sociedade pautada nos

39 Sobre a posição de um tal individualismo holístico, ver Philip Pettit. *The Common Mind. An Essay on Psychology, Society, and Politics*. Oxford, 1993, p. 271 e ss.

moldes de tais comunidades solidárias. Por um ousado golpe de mão, reúnem-se num único princípio as três reinvindicações da Revolução Francesa, a entabular uma certa tensão segundo a qual a liberdade individual fez-se interpretada como um autocomplementar-se no outro, de modo a coincidir plenamente com as exigências de igualdade e de fraternidade. Esse pensamento holístico, que entende não mais a pessoa individual, e sim a comunidade solidária como a portadora da liberdade a se realizar, tornou-se o ponto de partida do movimento socialista. Todas as medidas que mais tarde, para o bem e para o mal, vieram a ser inventadas por seus partidários para a eliminação dos males existentes deve, em última instância, servir à finalidade de se criar tal comunidade de membros que reciprocamente se complementem e sejam tratados com igualdade. Essa dependência em relação ao catálogo de exigências da Revolução Francesa também dificultou desde o início a rejeição, pela crítica burguesa, do estabelecimento de objetivos do movimento como simplesmente desprovidos de sentido; afinal de contas, estava a invocar os mesmos princípios normativos em nome dos quais a própria classe burguesa uma vez se investira para combater pelo Estado democrático de direito. Por isso, até hoje acusações como as do coletivismo ou do puro idílio comunitário parecem um tanto vazias, já que, de modo quase intencional, parecem negar que aos princípios de legitimação das sociedades de hoje pertencem, além da ideia de liberdade, sempre aquelas noções determinadas, mas dadas de forma reconhecidamente vagas, de solidariedade e igualdade[40].

40 À primeira vista pode surpreender que também a "fraternidade" e a "solidariedade" estejam entre os princípios já institucionalizados em nossas modernas sociedades democráticas e que detêm efeito legitimador. Mas o caráter razoável dessa afirmação se

Por outro lado, no entanto, a crítica que desde muito cedo se instalou foi facilitada também devido ao fracasso dos primeiros socialistas em emprestar à ideia original e pioneira uma formulação suficientemente convincente. Os esboços dessa ideia por eles apresentados na primeira metade do século XIX padeciam de tantas deficiências que isso apenas facilitou o rápido surgimento de objeções dignas de consideração. Como aqui já se referiu em breves traços, não apenas a ideia de comunidade solidária esteve limitada exclusivamente ao campo das atividades econômicas, como faltou uma análise mais profunda a detectar se a partir de então se permitiria organizar e reproduzir em seu todo uma sociedade que rapidamente se tornava mais complexa. Todo o âmbito de formação da vontade política foi ignorado por motivos de difícil compreensão, de modo que também a relação com as liberdades recém-conquistadas e definidas pela lei não pôde ser bem esclarecida. Mas, além disso, os pais fundadores – sobretudo Saint-Simon e Marx – carregaram o projeto socialista com tamanha pretensão histórico-metafísica, que se tornaria quase impossível compreender os próprios avanços como testes experimentais da mutabilidade das sociedades capitalistas. Uma vez que a necessária revolução com alguma inevitabilidade haveria de ocorrer num futuro próximo, era preciso negar toda utilidade cognitiva e política de qualquer tentativa que, já no próprio presente, viesse a mudar em algum grau a sociedade capitalista. No quadro dessas deficiências do programa original, é possível distinguir entre

evidencia quando fica claro que a ideia de justiça distributiva, profundamente ancorada em toda cultura democrática, exige a redistribuição em prol dos desfavorecidos e, com isso, apela a um sentimento de solidariedade entre todos os membros da sociedade. A esse respeito, ver John Rawls. *Eine Theorie der Gerechtigkeit*. Frankfurt, 1979, p. 126 e ss.

aquelas que se deveram ao contexto de surgimento do industrialismo primevo, e outras que, de alcance mais profundo, dizem respeito à estrutura da ideia mesma. Em meu segundo capítulo pretendo dar conta de três defeitos congênitos do projeto socialista para, com a ajuda da diferenciação assim encontrada, avaliar quais podem ser corrigidas por mera adaptação histórica e quais só o poderão ser por revisões conceituais. Com isso, deixo-me conduzir pelo intuito de obtenção de uma visão geral das correções, a execução das quais poderia devolver ao socialismo de hoje um pouco de sua antiga virulência.

II
O CONSTRUTO ANTIQUADO DE PENSAMENTO: VINCULAÇÃO AO ESPÍRITO E À CULTURA DO INDUSTRIALISMO

Segundo fiz ver no capítulo I, subjaz aos anseios práticos dos primeiros socialistas uma intuição normativa que vai muito além das noções tradicionais de justiça distributiva. Por meio de uma reforma ou de uma superação revolucionária da economia de mercado capitalista, eles procuram muito mais criar relações sociais nas quais os objetivos propostos pela Revolução Francesa seriam realizáveis, uma vez que liberdade, igualdade e fraternidade seriam postas numa relação de facilitação recíproca. A palavra-chave para a conciliação dos três princípios, até então em relação de tensão devido à ordem social vigente, atende pelo nome de "liberdade social". Desse modo, nos aspectos mais importantes de sua necessidade comum compartilhada, as pessoas não podem realizar sua liberdade individual tão somente para si, mas dependem das relações entre si, que, no entanto, só podem ser referidas como "livres" quando satisfazem determinadas disposições normativas. Essas disposições incluem, antes de mais nada, uma simpatia recíproca, tal como a que se tem em comunidades solidárias. Caso contrário, não haveria garantia de que o sujeito individual pudesse contar com a satisfação sem restrições e voluntária de suas necessidades de forma duradoura por meio da ação complementar dos outros sujeitos – os membros da sociedade já não devem ser ativos apenas "com o outro", mas "para o outro", pois só podem realizar suas necessidades gerais de modo não coercitivo. Nesse sentido, desde o início subjazeria ao socialismo a ideia de uma forma de vida comunitária nova e ainda por se criar, e não apenas a ideia de imposição de um sistema de divisão modificado e mais justo[1]. Neste capítulo, antes de me debruçar sobre esse aspecto a fim de problematizar o texto teórico-social no qual os primeiros socialistas incorporaram sua intenção normativa, desejo em primeiro lugar esclarecer um tanto essa intenção para assim protegê-la de evidentes objeções.

No final do capítulo I, identifiquei como elemento teórico de um individualismo holístico a ideia de tornar a liberdade individual dependente da relação com outros sujeitos, com isso apreendendo-a como "social". Essa posição social-ontológica é retomada de Philip Pettit, segundo o qual, embora sejam necessárias comunidades sociais e entidades descritas de forma holística para a realização de determinadas capacidades do homem, disso não se conclua o caráter incompleto ou mesmo não existente dos sujeitos individuais[2]. Tal concepção de liberdade social diferencia-se do coletivismo uma vez que visa, em primeiro lugar, às condições de realização da liberdade individual, e diferencia-se do individualismo tradicional, ao contrário, uma vez que essa liberdade faz com que se dependa da participação num determinado tipo de comunidade social. Desse modo, também podemos caracterizar a posição intermediária, desenvolvida pelos primeiros socia-

1 A esse respeito, comparar novamente Miller, "In What Sense Must Socialism be Communitarian?"

2 Pettit. *The Common Mind*, p. 271 e ss.

listas, como aquela em que o termo "liberdade" desempenha um papel decisivo em ambos os níveis, no do indivíduo e no da comunidade social. os sujeitos individuais só podem realizar sua capacidade de liberdade como membros de uma comunidade social; esta, por sua vez, tem de ser livre no sentido de a satisfação recíproca das intenções compartilhadas se dar sem coerção e, assim sendo, em atitude de simpatia recíproca.

Ao contrário do que se poderia supor, essa concepção de liberdade não está associada à suposição de uma pequena comunidade, na qual os membros se pudessem conhecer face a face. Ela pode bem dar a impressão de que, entre os sujeitos, de quem se exige mútua simpatia, haja um grau de intimidade, como só é possível em caso de conhecimento pessoal. Porém, mesmo o nosso uso corrente da linguagem, que permite falar de nação ou de movimento político como a referida comunidade, denuncia a falta de fundamento dessa suspeita inicial. Para se poder compreender como membro de uma comunidade solidária, em cujo seio cada qual reciprocamente se vê preocupado com a necessidade do outro, é preciso muito menos que uma relação de íntima familiaridade; segundo mostrou Benedict Anderson, para tanto é suficiente que as pessoas com o mesmo ponto de vista compreendam alguns objetivos compartilhados e comuns como concordantes, não importando nem a dimensão do coletivo em questão, nem que seus membros sequer se conheçam pessoalmente[3]. Aliás, não é difícil mostrar que a atitude de preocupação pelo bem-estar de outros membros seja possível não apenas em grupos pequenos,

3 Benedict Anderson. *Die Erfindung der Nation. Zur Karriere eines folgenreichen Konzepts.* Frankfurt, 2005. Sobre esse argumento, também Mason, *Community, Solidarity and Belonging*, p. 38-40.

próximos do círculo familiar, mas também em comunidades maiores, anônimas – as medidas de redistribuição em prol dos menos favorecidos exigem sempre posturas às quais se oferecem conceitos como "solidariedade" ou "fraternidade"; assim expressa o próprio John Rawls em algumas passagens de *Teoria da justiça*, uma vez que o emprego de seu princípio da diferença faria demandar, entre cidadãs e cidadãos da sociedade em questão, não propriamente a pressuposição de amor, mas a de "fraternidade"[4].

A ideia de liberdade social, com a qual o movimento socialista adentrou o palco político mundial, não está associada ao pressuposto problemático de um emprego restrito a comunidades pequenas e transparentes. Em vez disso, ela se permite transferir sem mais a sociedades inteiras, nas quais, entretanto, sempre deve ficar claro o tipo de relação que ela estabelece com outras formas possíveis de liberdade e, de modo geral, com a reprodução social como um todo. Nesse ponto começam a aparecer as divergências e impasses conceituais do socialismo, e deles eu gostaria de me ocupar neste capítulo; para tanto, em ampla medida devo fazer referência à tradição do marxismo ocidental, que, já na década de 1920, revelava, de modo absolutamente explícito, os defeitos congênitos do projeto socialista, adotando em relação a eles uma posição impiedosamente crítica[5]. Para encontrar um

4 John Rawls. *Eine Theorie der Gerechtigkeit*, p. 126 e ss; a esse respeito, ver também: Brudney. "Der junge Marx und der mittlere Rawls", p. 148-158.

5 O conceito de "marxismo ocidental" foi cunhado por Maurice Merlau-Ponty (Maurice Merleau-Ponty. *Die Abenteuer der Dialektik* [1955], Frankfurt, 1968), e, desde então, tem repercutido, em tradição bastante heterogênea, de Lukács a Marcuse, um marxismo crítico e não ortodoxo. Uma visão geral é oferecida por Martin Jay. *Marxism and Totatlity. The Adventures of a Concept from Lukács to Habermas*. Cambridge, 1983. A partir de uma visão trotskista e, portanto, negativa, tem-se uma síntese em Perry Anderson, *Über den westlichen Marxismus*. Frankfurt, 1978.

acesso a esse legado problemático do socialismo, seria necessário, em primeiro lugar, dar um passo atrás, dada a necessidade de esclarecer em breves linhas em qual contexto social e histórico-teorético se desenvolveu o novo conceito de liberdade social dos socialistas. Todos os protagonistas do movimento socialista, de Robert Owen, passando por Proudhon, até Karl Marx, compartilham, desde o início e de modo como que evidente, a ideia de que a alavanca para a criação de relações sociais solidárias tem de ser a reforma ou o ultrapassamento revolucionário da própria economia de mercado capitalista; pois só mesmo em suas instituições deve residir a real causa para o que agora se mostra como um estreitamento privatista e egoísta das relações de liberdade dominantes. Por conseguinte, a imposição de uma forma de vida cooperativa, que cumprisse as promessas revolucionárias, também só seria possível tomando-se como ponto de partida tais instituições. Além disso, os representantes do movimento concordam que, nas referidas relações, os motivos e disposições necessárias para a sublevação já estão presentes, já que trabalhadores, produtores e gestores teriam interesse muito próprio em substituir o mercado capitalista por um modo de economia organizado cooperativamente. Por meio dessa segunda suposição, a nova doutrina se converteria em órgão de expressão ou em instância de reflexão de uma força de oposição já existente no seio da sociedade, de modo que a relação da teoria com a prática teria de ser pensada como relação de educação, informação ou esclarecimento de um grupo social claramente determinado. E, por fim, em terceiro lugar, todos os partidários do movimento socialista apresentam uma tendência para a hipótese de que as mudanças aspiradas nas relações sociais teriam de ser consumadas com um certo grau de necessidade histórica, já que a economia de mercado capitalista viria a sucumbir pelas crises criadas por ela mesma, liberando forças econômicas de socialização, ou então em razão da miséria por ela causada, o que produziria uma resistência contrária cada vez mais forte. Sejam quais forem as explicações para a iminente autodissolução do capitalismo, praticamente nenhum dos precursores intelectuais do socialismo prescinde do pressuposto de uma inevitabilidade histórica num futuro palpavelmente próximo.

Se essas três hipóteses de fundo forem tomadas em conjunto, resulta, em amplos traços, a compreensão da sociedade e da história no seio da qual os socialistas trouxeram à baila a ideia, por eles compartilhada, de liberdade social: o olhar posto quase que exclusivamente na esfera econômica parte do princípio de que somente em sua constituição capitalista estão ancoradas as causas para a necessidade de a liberdade recém-conquistada ser entendida unicamente no sentido da busca privada de intenções individuais. Entretanto, em sentido contrário ao esvaziamento do social por meio da concorrência e da competição, já se tinha formado, no seio mesmo da esfera econômica, um contramovimento proletário de comunitarização econômica, e a ele a doutrina socialista pode agora se associar como seu órgão reflexivo, a fim de impulsionar o processo histórico mediante uma formação inteligente e esclarecida, que com certa necessidade conduzirá a uma remodelação de toda a relação de produção como um todo, a partir de então se pretendendo a construção de uma comunidade abrangente de membros que agem um para o outro. Por certo que nem todo representante do socialismo na primeira metade do século XIX concordaria com essas hipóteses fundamentais de cunho teórico-social; não obstante a grande conformidade quanto ao princípio normativo de liberdade social, havia uma série de divergências individuais quanto a questões da teoria social, por exemplo, no que se refere a saber se já estava em curso um processo de comunitarização econômica ao modo de um processo de reforma paulatina ou de aproximação de uma revolução que viria a se consumar só mais tarde, assim como as particularidades com que as relações econômicas se processariam, vindo a caracterizar o estado final de uma associação de todos os produtores – com o olhar precisamente nesse último aspecto, as ideias dos envolvidos variavam sobremaneira, a depender do que em teoria econômica era visto como causa da suscetibilidade a crises do mercado capitalista e, de modo correspondente, do que seria recomendável como forma de controle adequado para a reprodução econômica numa base socializada[6]. Contudo, as três hipóteses mencionadas – a da esfera econômica como local central, se não o único, da luta pela forma adequada de liberdade, a ligação reflexiva a uma força de oposição já presente e, por fim, a expectativa histórico-filosófica de uma marcha triunfal vitoriosa desse movimento de resistência – compõem os pilares constitutivos entre os quais se estende o horizonte de pensamento teórico-social, no seio do qual os socialistas desenvolveram a sua ideia comum de liberdade social. Doravante, desejo considerar em pormenor cada uma dessas três premissas, com o intuito de examinar quais suas consequências para o objetivo condutor do esboço de um modelo de sociedade alternativo. Esse passo deve, em primeiro

6 Uma primeira visão geral é proporcionada por Eduard Heimann, *Geschichte der volkswirtschaftlichen Lerhmeinungen*, Frankfurt, 1949, cap. v. 3.

lugar, sondar a herança teórico-social que os primeiros socialistas legaram ao movimento que se lhes seguiu, uma vez que suas ideias originárias de liberdade social desenvolveram-se num enquadramento definido pelos três pressupostos aqui mencionados:

1. Como vimos, dos primeiros socialistas até Karl Marx, existe a tendência de compreender os direitos de liberdade já estabelecidos pela Revolução exclusivamente no sentido de uma permissão legitimada pelo Estado para cada qual buscar seus interesses no seio da esfera econômica com base na propriedade privada. A esse sistema de mercado capitalista que, de sua perspectiva, tornou-se verdadeiro reduto das novas liberdades individuais, contrapõem-se então, de maneira crítica, a visão de um modo de produção comunitário no qual os sujeitos já não ajam contra os outros, mas para os outros, devendo com isso realizar o que chamo de liberdade social. No caminho assim percorrido, de se falar tanto nas liberdades alegadamente privadas como nas novas, sociais, somente com relação ao âmbito do agir econômico, surge um problema que logo se revela mais grave do que poderia parecer inicialmente: a esfera bem outra do governo popular democrático, para a qual ao menos Rousseau e seus seguidores revolucionários tinham previsto o novo direito de autodeterminação individual, privada de toda determinação normativa, sendo relegada como grandeza negligenciável da reprodução social. Uma vez que os socialistas posicionaram todas as liberdades, as boas e as ruins, de forma unilateral na esfera da ação econômica, de súbito, e sem que se dessem conta, subtraíram a oportunidade de pensar o novo regime

de um objetivo comum de negociação democrática igualmente em categorias de liberdade. A consequência disso só pode ser a de não mais se dispor de nenhum conceito adequado de política, mas também completa ausência da feição emancipatória dos direitos iguais à liberdade. Isso que se deu dessa forma sub-reptícia é algo importante a ponto de merecer uma elucidação pormenorizada.

Já no pensamento de Saint-Simon e seus discípulos, os saint-simonistas, salientava-se que, no interesse da continuidade da Revolução, toda a atenção seria desviada da esfera política e transferida à esfera da produção industrial. Pela concepção dessa escola, com os progressos técnicos da indústria e do comércio, era chegado o tempo de superar definitivamente os últimos vestígios do antigo domínio feudal, economicamente ineficiente, e substituí-lo por uma nova ordem social, na qual todos os membros em atividade nos setores econômicos industriais, tanto trabalhadores quanto gestores, poderiam trabalhar em conjunto de acordo com um plano por eles negociado em favor da satisfação das necessidades também dos desfavorecidos. Os pressupostos para tal modo de produção modificado, cooperativo, devem ser criados por um banco central no qual uma corporação representativa, ainda uma vez composta de forças industriais, no futuro viria a tornar supérfluo todo controle político, uma vez que o destino e o bem-estar de um país seria determinado pelas decisões acerca de concessão de crédito[7].

7 Salomon-Delatour (org.). *Die Lehre Saint-Simon*, sobretudo p. 112-130; comparar também a visão geral que se tem em Cole, *Socialist Thougt*, ver cap. IV e V; Droz (org.), *Geschichte des Sozialismus*, vol. II, p. 113-130.

Não diferente de Saint-Simon e de seus discípulos, que reconhecidamente haviam dotado a sua teoria tecnocrática de uma aura de nova religião civil, também as gerações seguintes de socialistas estavam pouco ou nada interessadas na função política dos novos direitos civis. Com as seitas quase religiosas dos saint-simonistas, compartilhavam da ideia de que a mudança rumo a uma reorganização solidária da sociedade teria de consumar-se única e exclusivamente na esfera econômica, uma vez que, no futuro, em vez do egoísmo privado, deveria existir um autocomplementar-se recíproco, enquanto as instituições políticas perderiam sua missão condutora. Também quanto a isso Proudhon, que já antes de Marx havia encontrado formulações mais claras do conceito de liberdade, foi o autor a ir mais longe, exigindo, de modo puro e simples, a abolição de todas as atividades governamentais, que poderiam ser bem e de todo substituídas pela atuação conjunta das pequenas comunidades de produção. De modo correspondente, Proudhon também já não via serventia nos direitos de liberdade declarados pela Revolução, que para ele deveriam servir meramente aos interesses dos proprietários privados no mercado capitalista, perdendo o papel que outrora haviam exercido com a implementação do modo de produção cooperativo[8].

Se nas obras de Fourier, Louis Blanc ou Auguste Blanqui, encontram-se reflexões semelhantes, que frequentemente

8 Ver, por exemplo, Pierre-Joseph Proudhon, *Theorie des Eigentums* [1886], Kiel, 2010, sobretudo cap. 9; sobre o "anarquismo" de Proudhon, ver Jacques Droz (org.), *Geschichte des Sozialismus*, vol. III: *Sozialismus und Arbeiterbewegung bis zum Ende der I. Internationale*, Frankfurt, Berlim / Viena, 1975, p. 82-87.

revelam até mesmo um desprezo pelas instituições recém-conquistadas dos direitos iguais à liberdade, Marx traz para um novo patamar a discussão associada a toda essa problemática. No ensaio intitulado *A questão judaica*, publicado em 1844, e desde então considerado um marco no processo de autocompreensão política, Marx retoma a questão do significado que a luta dos judeus por igualdade política futuramente deveria assumir para o estabelecimentos dos objetivos socialistas[9]. Nessa medida, a resposta que Marx procura percorre dois níveis, uma vez que o problema é resolvido primeiramente para as dadas relações sociais, e só depois para a sociedade liberta. Olhos postos no presente, valendo-se do emprego do vocabulário da filosofia do direito de Hegel, Marx afirma que a "sociedade burguesa", portanto a economia de mercado capitalista, e o "Estado" existem como duas esferas separadas, cada qual submetida a seus próprios princípios. Mantendo-se essa divisão institucional de tarefas, Marx está convencido de que mesmo os esforços de integração política da minoria judaica indubitavelmente representam um valor emancipatório, pois a garantia pelo Estado de iguais direitos de liberdade a todos representa um progresso normativo em relação a todo o passado[10]. Entretanto, segundo a sua concepção, a aspiração à integração política por parte dos judeus de pronto perde toda e qualquer função positiva, já que, no futuro, as atividades do Estado até então isoladas teriam de passar novamente ao

9 Karl Marx. "Der Jugendfrage", in Karl Marx / Friedrich Engels. *Werke* (MEW), vol. I, Berlim, 1970, p. 347-377.

10 *Ibidem*, p. 354.

quadro de tarefas de uma verdadeira comunidade humana, e isso porque, sob essas condições, seria definitivamente eliminada não apenas a infeliz divisão das pessoas em *citoyen* e *bourgeois*, em cidadão e sujeito econômico privado, como também, desse modo, a associação de todos os membros cooperativos da sociedade poderia lidar conjuntamente com as incumbências da administração política, uma vez que, para o indivíduo, deixa de existir a exigência de se reivindicar direitos de autodeterminação individual a uma instância superior. É esse último passo na argumentação de Marx que merece uma atenção especial em nosso contexto: os direitos de liberdade liberais, aos quais ele próprio se refere como meios de convocar "todo membro do povo como participante em igual medida da soberania popular"[11], perderão, por essa razão, todo o seu significado normativo na sociedade socialista do futuro, pois nesse caso nenhuma negociação da vontade comum que fosse apartada, separada das atividades econômicas, precisaria ser disponibilizada para os indivíduos como um direito de autodeterminação[12].

Essa relativização dos direitos liberais à liberdade, que Marx só considera dignos de promoção enquanto persistir a separação institucional de esferas entre política de Estado e produção econômica, depositou sobre o movimento socialista, já em seu surgimento, um pesado fardo, do qual mais tarde ele não conseguiria se libertar. Uma vez que toda a esperança de uma reconciliação posterior entre liberdade e

11 *Ibidem*, p. 354.

12 Entre a prolífica literatura a respeito da argumentação de Marx em "Sobre a questão judaica" cito duas recentes contribuições: Frederick Neuhouser, "Marx (und Hegel) zur Philosophie der Freiheit", in Jaeggi / Loick (org.), *Nach Marx*, p. 25-47; Catherine Colliot-Thélène. *Demokratie ohne Volk*, Hamburg, 2011, p. 58-68.

fraternidade associava-se unicamente à visão de uma conformação comunitária da esfera econômica, acreditava-se que seria possível fazer desaparecer, sem nenhum vestígio, todos os direitos individuais numa comunidade de sujeitos em ação recíproca, de modo que, ao final, não haveria lugar legítimo nem para a autonomia do indivíduo, nem para a prospecção intersubjetiva de uma vontade comum. Sejam quais forem os documentos de fundação do movimento socialista consultados, por toda parte se encontra a mesma tendência, qual seja, a de, no tocante aos direitos liberais de liberdade, como no da formação da vontade entre cidadãos livres e iguais, não atribuir nenhum papel à construção organizadora da sociedade do futuro. Essa nova forma de organização do social na verdade deveria caracterizar-se pela inserção dos sujeitos única e exclusivamente por meio de sua participação na produção cooperativa na sociedade. Por meio disso, eles efetivamente poderiam realizar sua liberdade social em conjunto, já sem ter de se preocupar com sua autodeterminação individual. A consequência do projeto futuro assim esboçado foi a incapacidade de encontrar, a partir da própria doutrina, um acesso normativo à esfera política. Transcorreriam ainda séculos até que, no seio do movimento, se começasse a eliminar essa deficiência original, acrescendo-se ao conceito de "socialismo" o adjetivo "democrático". Porém, mesmo a forma do socialismo democrático, esta que o partido social-democrata alemão alçou a programa somente após a Segunda Guerra Mundial[13], veio a solu-

13 A esse respeito, ver Schieder, "Sozialismus", p. 990 e ss.; sobre a pré-história do nome do partido da "social-democracia", ver Detlef Lehnert, *Sozialdemokratie zwischen Protestbewegung und Regierungspartei* 1848-1983, Frankfurt, 1983.

cionar o problema herdado dos pais fundadores apenas provisoriamente. Sem resposta ainda jazia a pergunta sobre de que modo a ideia diretriz da liberdade social poderia estimular a crítica ao egoísmo capitalista privado, mas sem de todo pôr em causa o valor da liberdade individual. Em vez disso, o que se pretendia com o conceito duplo era, na maioria dos casos, uma compreensão bastante limitada da democracia política segundo o padrão tradicional liberal, isto é, como esfera institucional a partir da qual a "questão social", mediante uma limitação do mercado capitalista, deveria ser resolvida por força da obtenção de uma maioria parlamentar. Abandonava-se assim a exigência substancialmente mais radical de conformar a própria esfera de ação econômica à possibilidade de os membros da sociedade agirem não uns contra os outros, mas uns para os outros[14].

Algo completamente diferente se teria passado se, quanto a esse ponto sensível, a ideia do socialismo, desconsiderando os pais fundadores, tivesse sido desenvolvida retomando

14 Com relação a isso, é de bem outra maneira que argumenta Eduard Bernstein, o único intelectual do movimento trabalhista a refletir de modo consequente sobre o impasse teórico do socialismo enraizado no industrialismo já no início do século XX; para ele, a democracia representava o cerne normativo de todos os objetivos socialistas, já que ela não representaria apenas uma forma de governo política, assentada no princípio da maioria, mas sim propriamente a forma de organização adequada da vida social como um todo. Nesse sentido, arrojando-se para muito além de seu tempo, Bernstein fala em "democracia" como "organização da liberdade": BERNSTEIN, Eduard, "Der sozialistische Begriff der Demokratie", in *Sozialdemokratische Völkerpolitik. Gesammelte Aufsätze.* Leipzig, 1917, p. 1-15, 11. O radicalismo do "revisionismo" de Berstein é o mais ignorado na literatura secundária, uma vez que esta é redigida a partir das perspectivas marxista ou partidária; o abrangente estudo de Bo Gustafsson, que apresenta a influência sobretudo dos fabianos ingleses, constitui, até certo ponto, honrosa exceção a essa regra: *Marxismus und Revisisonismus. Eduard Bernstein Kritik des Marxismus und ihre ideengeschichtlichen Voraussetztungen,* dois volumes, Frankfurt, 1972, sobretudo p. 316-326.

a teoria da liberdade de Hegel. Pois, com isso, em princípio, teria existido a possibilidade de pensar os direitos de liberdade liberais não como impedimento, mas como um pressuposto necessário daquelas liberdades sociais que, segundo o discernimento original, deveriam chegar a uma concretização futura na esfera econômica[15]. Em tal caminho talvez tivesse surgido a oportunidade de submeter não apenas o âmbito de ação econômica, mas também o processo de formação da vontade democrática ao princípio da liberdade social[16]. Porém, antes de me debruçar, no capítulo IV, sobre essa alternativa não aproveitada pela tradição socialista, quero primeiramente poder falar da segunda premissa da teoria da sociedade dos socialistas primevos.

2. Os primeiros pontos de referência para a segunda premissa do pensamento teórico-social dos primeiros socialistas, segundo o qual os próprios ideais representam tão somente os interesses de fato de uma força de oposição já presente na sociedade atual, também se encontram já em Saint-Simon e em seus seguidores. Todos os membros dessa escola de numerosas ramificações concordam que toda a classe dos empregados na indústria, do simples operário até o engenheiro e o gestor, estão apenas esperando pelo momento em que as atividades e capacidades exercidas em conjunto por fim se verão livres do jugo de uma ordem de propriedade burguesa-feudal, a fim de poder entrar em associação livre e desim-

15 A esse respeito, ver as ponderações de Neuhouser, "Marx (und Hegel) zur Philosophie der Freiheit".

16 Ver, por exemplo, Honneth, *Das Recht der Freiheit*, cap. C.III.3.

pedida em favor de um aumento da produtividade. Com base no pano de fundo do processo de emancipação já supostamente dado, a doutrina de Saint-Simon deve então assumir a missão de fornecer o saber adicional e as certezas de fundamento religioso necessários para se conseguir a ordem coletivamente ansiada de todas as forças laborais produtivas[17]. O mesmo pressuposto de um movimento de oposição ativo no presente de todo afinado com o sentido da teoria é retomado por Robert Owen, Louis Blanc e Pierre-Joseph Proudhon, com a diferença de que, para esses autores, o círculo dos participantes limita-se tão somente à massa dos trabalhadores assalariados da indústria. No entanto, assim como para Saint-Simon e seus discípulos, também esses, mesmo antes que a ideia socialista pudesse render algum efeito, têm já algum interesse de que o desenvolvimento social avance na direção da comunização coercitiva de todos os produtores[18].

Por certo que, por si só, não representa problema algum a pura e simples referência a um movimento de resistência no qual estão representados seus próprios ideais. Pelo contrário, isso até faz parte da estrutura reflexiva de uma teoria assim orientada para o futuro, uma vez que, no seio da realidade social, ela busca por forças e disposições às quais se possa recorrer para que as próprias afirmações algum dia sur-

17 Ver Salomon-Delatour (org.). *Die Lehre Saint-Simon*, a passagem citada encontra-se nas p. 103-111; a esse respeito, ver também: Droz (org.) *Geschichte des Sozialismus*, a passagem citada encontra-se em p. 117-121.

18 Na obra de Louis Blanc, tem-se nitidamente a suposição de tal interesse coletivo de todos os trabalhadores em "Organisation der Arbeit" (extrato), p. 181; no mesmo sentido, Proudhon fala frequentemente na "convocação" das classes trabalhadores – ver, por exemplo, *Theorie des Eigentums*, p. 144.

tam efeito prático, podendo assim contribuir para o estado social anunciado. Mas já entre os autores citados se vê emergir no pensamento socialista uma estratégia metodológica completamente diferente, que acabaria não explorando esses movimentos de resistência simplesmente de forma empírica, mas que os pressuporia apodicticamente. Tem-se a tendência de se conceber de forma objetiva que, na realidade social, já existem os interesses anteriores a toda transformação da teoria na prática, podendo neles essa teoria se basear na intenção de uma justificação e implementação de seus propósitos. No entanto, a única possibilidade de se poder falar de tais sensibilidades pré-científicas num sentido objetivo está, de modo puro e simples, em atribuí-las sociologicamente às pessoas afetadas. Assim sendo, já não se falaria mais em interesses empíricos, em desejos de fato, mas nos desejos que grupos sociais correspondentes deveriam ter se seguissem as convicções corretas em determinada circunstância. Ocorre que, com esse método de atribuição de interesses, como Max Weber viria a elaborar mais tarde, abriram-se as portas para a arbitrariedade teórica. Afinal, o que outrora se tinha por certo quanto a convicções, cuja compreensão correta levaria os grupos implicados aos interesses que lhes tinham sido atribuídos, seria por sua vez mensurado de acordo com as especificações com que, antes, a teoria havia descrito a realidade social. Já entre os saint-simonistas e outros representantes do primeiro socialismo, a teoria socialista ameaçava incidir no risco de uma espécie de autorreferencialidade, projetando na realidade social um movimento coletivo a justificar seus próprios prognósticos, movimento este que, mesmo antes, no entanto, teria sido construído mediante a justificação de seus próprios interesses.

Essa tendência a um encerramento autorreferencial da teoria certamente se agravou com a obra de Karl Marx. Essa obra conta com um interesse objetivo por parte dos atores sociais, como se, e isto mostram quase todos os seus escritos, buscassem entender suas próprias análises como seu órgão de expressão. Seus tratados histórico-políticos parecem ser os únicos a ter levado em conta os desejos concretos de grupos sociais, na medida em que evitam o risco de pressupor que todos os membros da classe trabalhadora possuam um interesse comum[19]. No entanto, é sobretudo em seus escritos de viés histórico-político que Marx parece ter renunciado a dar conta dos apetites concretos dos grupos sociais, evitando assim o risco de atribuir um interesse unificado a todos os membros da classe trabalhadora. Entretanto, é de modo bem diferente, isto é, meramente descritivo, que Marx procede em seus primeiros escritos antropológicos, quando busca apreender o proletariado em sua totalidade como sujeito unificado que, na representação do gênero humano, confere à necessidade premente de autorrealização no trabalho a sua mais forte expressão: o interesse profundo que todo homem deve ter em sua natureza de ver-se con-

19 Com relação a esse complexo programa, ver Cornelius Castoriadis, *Gesellschaft als imaginäre Institution. Entwurf einer politischen Theorie*. Frankfurt, 1984, primeira parte, p. 19-120; Jean L. Cohen, *Class and Civil Society. The limits of Marxian Critical Theory*. Amherst, 1982. Sobre a tensão entre os passos sistemáticos e históricos em Marx, ver também Axel Honneth, "Die Moral im 'Kapital'. Versuch eine Korrektur der Marxschen Ökonomiekritik", in Jaeggi / Loick (org.), *Nach Marx*, a passagem citada encontra-se especialmente em p. 350-363.

cretizado e confirmado no produto de sua atividade está, segundo a convicção de Marx, apenas representado pela coletividade dos trabalhadores assalariados no capitalismo, porque somente disso se ocupa o trabalho concreto, e está em condições de reconhecer na alienação atual a distância em relação a suas próprias aspirações naturais[20]. Com a abordagem da análise do capitalismo fundada na economia, que o filósofo realiza após 1850, por certo que se modifica a sua fundamentação para a hipótese de tal interesse comum ao proletariado – o que não muda é a sua interpretação como sempre orientada para a revolução. Agora os membros da classe operária deverão desejar a abolição coletiva da propriedade privada capitalista não mais em razão de sua percepção do fim da natureza humana, e sim, instados pelo incremento do sistema do desfrute, estarão interessados em garantir a sua mera sobrevivência em sentido econômico[21]. Tanto nos escritos de juventude quanto nos tardios, Marx opera com a hipótese de que os objetivos preestabelecidos e sustentados por sua teoria no seio da realidade social se façam já representados por um sujeito coletivo que, para além de todas as diferenças entre as suscetibilidades concretas dos membros individuais, não obstante deva ter um interesse unificado pela revolução. Em razão desse pressuposto metodológico altamente dúbio, de que desde então a doutrina socialista se manteria ligada à

20 Ver por exemplo Karl Marx. "Ökonomisch-philosophische Manuskripte" [1844], in Karl Marx / Friedrich Engels, *Werke* (MEW), volume complementar I, a passagem referida encontra-se especialmente em p. 465-588, 553 e ss.

21 Ver as célebres formulações em: Marx, *Das Kapital*, a passagem citada encontra-se especialmente na p. 790 e ss.

necessidade quase transcendental da presença de um movimento social, sem que se tivesse qualquer certeza empírica de que tal movimento existiria e na forma prevista no seio da realidade social.

Foi mais tarde, justamente com a teoria de Marx, que tudo o que a primeira metade do século XIX havia produzido em teorias socialistas apareceria explicado como produto espiritual aparentemente tão só a uma classe operária revolucionária, a cujo respeito a composição factual e os interesses efetivos já não deveriam suscitar preocupações. Foi graças ao método de atribuição racional que ela foi compreendida como um componente inalienável de todas as sociedades capitalistas, de modo que considerações e questionamentos empíricos não mais podiam entrar em conta. À medida que a realidade social punha à disposição material ilustrativo que vigorosamente amparasse a insistência nessa grandeza imaginária, não se teve motivo para duvidar do caráter de expressão e reprodução da teoria socialista. Aos primeiros representantes da democracia social alemã, parecia inquebrantável a convicção segundo a qual na própria ideia se refletiam exclusivamente os interesses dos assalariados, isso porque estes tinham visto ali algum motivo para perturbação. Dificilmente haveria como exagerar o mérito do círculo teórico organizado por Horkheimer, da Escola de Frankfurt, que pela primeira vez levantou objeções com fundamentação empírica a essa ficção sociológica de uma classe trabalhadora revolucionária. Em todo caso, com as pesquisas interdisciplinares sobre o "autoritarismo" da classe trabalhadora, foi desencadeado um processo que acabou levando à conclusão de que não havia nenhum automatismo na tradução de situações específicas de classe em determinadas aspirações[22]. E, quando então, após a Segunda Guerra Mundial, nos países capitalistas do Ocidente, as relações laborais começaram a se modificar, e o funcionalismo mais e mais passou a predominar no mercado de trabalho, veio à baila o discurso sobre a sociedade pós-industrial[23], e a associação de socialismo e classe, antes dada como certa, terminaria definitivamente: quando não apenas não existia um proletariado revolucionário, mas o próprio trabalho industrial se convertera em minoria na massa dos assalariados, já não haveria a possibilidade de se continuar a conceber os ideais socialistas como mera expressão espiritual de um sujeito revolucionário[24].

No entanto, com isso o problema assim criado assumia uma magnitude que frequentemente não é reconhecida em sua plena dimensão. Aos olhos dos mais eminentes representantes, o socialismo desde o início tinha sido mais que uma teoria política entre outras, comparável, por exemplo, ao liberalismo. Em vez disso, devia tratar-se de uma teoria voltada para o futuro, com intenções práticas, que com isso auxiliaria na realização de um interesse já presente no seio da sociedade, ativando-o e corrigindo-o com as visões da

22 Institut für Sozialforschung (org.), *Studien über Autorität und Familie*, Paris, 1936; Erich Fromm, *Arbeiter und Angestellte am Vorabend des Dritten Reiches. Eine sozialpsychologische Untersuchung*, editado e introduzido por Wolfgang Bonß, Stuttgart, 1980.

23 Ver, por exemplo, Daniel Bell, *Die nachindustrielle Gesellschaft*. Frankfurt, Nova York, 1975.

24 De modo exemplar, ver Josef Mooser, *Arbeiterleben in Deutschland 1900-1970*, Frankfurt, 1984, p. 184 e ss.

liberdade social. Mas, quando tal interesse pré-científico não mais pôde ser pressuposto, uma vez que, do ponto de vista empírico, extraviam-se os mais fracos indicadores de sua existência, o socialismo passou a correr o risco de perder sua justificação de existência na relação com o movimento social. E, sem a ligação com uma força social a impelir seus próprios objetivos à realização, o socialismo passaria a promover um ideal ante uma realidade inflexível como qualquer outra teoria normativa. Nessa medida, a corrosão do movimento trabalhista passou a ser mais um acidente de percurso para a tradição socialista. Com o esvaziamento de toda esperança de encontrar no proletariado ainda um vestígio da mudança revolucionária que lhe foi atribuída, o socialismo foi atingido em seu cerne mais íntimo, qual seja, a pretensão de ser a expressão teórica de um movimento vivo[25].

Em face dessa situação histórica, o socialismo hoje se depara com a alternativa de se resignar a uma teoria puramente

25 No seio do socialismo radical, essa consciência sobrevém sobretudo no movimento do pós-guerra francês Socialismo ou Barbárie; a esse respeito, de modo exemplar, ver: Cornelius Castoriadis, Sozialismus *oder Barbarei. Analysen und Aufrufe zur kulturrevolutionären Veränderung*, Berlim, 1980; sobre esse grupo como um todo, ver François Dosse, *Castoriadis. Une Vie*. Paris, 2014, cap. 3 e 4. Conferir também o influente estudo de André Gorz: *Abschied vom Proletariat. Jenseits des Sozialismus*, Reinbek bei Hamburg, 1984. No pensamento da esquerda radical do pós-operariado reflete-se a consciência de decadência do movimento trabalhista em substituição ao proletariado industrial por meio da "multidão" como destinatário: Michael Hardt / Antonio Negri, *Empire. Die neue Weltordnung*. Frankfurt, 2003. No entanto, o luto pelo desaparecimento da classe outrora percebida como "revolucionária" encontra-se sobretudo na literatura, no cinema e na música. Ver, de modo exemplar, Alan Sillitoe, *Die Einsamkeit des Langstreckenläufers* [1959], Zürich, 1967; Bob Dylan, *Workingman's Blues #2*, 2006 ("Modern Times"). Uma descrição de caráter sociológico da autodissolução do proletariado clássico é proporcionada por Jefferson Cowie, *Stayin's Alive. The 1970s and the Last Days of the Working Class*, Nova York, 2010.

normativa, ou buscar um substituto para o vínculo perdido com o movimento trabalhista. No primeiro caso ele teria de enveredar pelo caminho já trilhado em muitos lugares: conferir ao próprio ideal a forma de princípios de justiça abstratos para se defender em pé de igualdade com teorias concorrentes[26]. No segundo caso, ao contrário, ele se põe diante da tarefa de encontrar um interesse intrassocial por seus próprios objetivos num nível geral a ponto de o manter afastado das oscilações contingente dos movimentos sociais. Antes de me referir a essas duas alternativas novamente no capítulo seguinte, quero voltar-me para o terceiro complexo em teoria social, no qual desde cedo se delineou a problemática herança do socialismo.

3. A suposição de um sujeito revolucionário, que, no capitalismo, punha-se a insistir numa realização dos ideais corretos, no pensamento teórico-social dos primeiros socialistas encontra uma quase complementação por meio da pressuposição histórico-filosófica de que as relações de produção existentes logo teriam de se dissolver por necessidade histórica. Com base nessa premissa, a terceira pesada herança do socialismo não foi o problema de ter de incitar as investigações sobre as forças autodestrutivas do capitalismo, mas de tornar impossível, com sua ideia de um desenvolvimento linear, toda e qualquer abordagem experimental de processos e potenciais históricos. E de novo se tem a formação do correspondente esquema de pensamento presente já em

26 Ver, por exemplo, Gerald Cohen, *Self-Ownership, Freedom and Equality*, Cambridge, 1995.

Saint-Simon e sua escola; seus seguidores acompanham seu mestre na ideia, inspirada por Turgot e Condorcet[27], de que a história humana assume o percurso de um progresso permanente, promovido, a cada novo estágio, pela adaptação necessária das relações sociais às contínuas conquistas da técnica e da ciência[28]. Os saint-simonistas interpretavam o próprio intervalo de tempo na França pós-revolucionária à luz desse pensamento de progresso como uma época da chamada estaticidade "crítica", na qual os modos de produção industriais ainda não podiam ser usados socialmente, uma vez que o regime de propriedade herdado, ainda não eliminado, dotara uma classe inativa de todo o poder de configurar a sociedade. Por isso, segundo a sua visão, o passo seguinte no processo histórico deveria consistir na transferência dos bens imerecidos daquelas camadas ociosas da burguesia, da nobreza e do clero para a posse de um banco central estatal que, com concessões de crédito, criaria os pré-requisitos econômicos para a grande comunidade cooperativa de todas as atividades industriais[29].

Sobre os autores que, ao mesmo tempo ou um pouco depois, dedicaram-se a escrever sobre as ideias socialistas, nem todos operaram de modo semelhante a Saint-Simon, ou seja, valendo-se de um modelo histórico-filosófico de

27 Sobre essa tradição de pensamento histórico-filosófico, da qual muitos representantes seguem o socialismo primevo, ver Robert Nisbet, *History of the Idea of Progress*, Nova York, 1980, II, cap. 6.

28 Salomon-Delatour (org.) *Die Lehre Saint-Simon*, a passagem aqui citada encontra-se na p. 55-66; ver também Cole, *Socialist Thought*, com a passagem aqui citada estando nos cap. IV e V.

29 Salomon-Delatour (org.). *Die Lehre Saint-Simons*, passagem citada encontrada nas p. 125-130.

progresso. Quanto mais ativamente se envolviam com os acontecimentos políticos, ou mais diretamente participavam da construção de empreendimentos alternativos – basta pensar em Robert Owen –, menos se deixavam levar por especulações ousadas sobre leis de evolução histórica. Mas a maioria dos primeiros socialistas concordava que as atividades intelectuais deveriam ser entendidas como passo necessário no processo incessante do progresso inevitável da espécie humana. Para eles, o socialismo nada mais é que o produto do reconhecimento de uma inevitável evolução, cuja etapa seguinte consistiria em superar as relações de concorrência da economia de mercado, inserindo em seu lugar uma associação cooperativa de todos os trabalhadores. Esse pensamento histórico-filosófico encontra na obra de um Louis Blanc, por exemplo, um representante bastante moderado do novo movimento. Estimulado por Condorcet e, não menos, por Saint-Simon, pelos quais nutriu grande admiração durante toda a vida, tal pensamento parte do princípio de que o contínuo processo de esclarecimento científico cedo ou tarde obrigaria à implementação de reformas na direção de uma comunidade econômica solidária, tal qual ele próprio recomendara em seus escritos programáticos[30]. A esse respeito, mais uma vez se revela em que forte medida a autocompreensão dos primeiros socialistas franceses se mantinha dependente do Iluminismo clássico, no qual os conhecimentos científicos eram entendidos como motor de um desenvolvimento linear da civilização huma-

30 Cole, *Socialist Thought*, a passagem citada encontra-se na p. 169.

na, enquanto no pensamento de Proudhon, ao contrário, esboçavam-se as primeiras influências da filosofia da história de Hegel. Não menos do que seu aliado, também Proudhon gostaria que o socialismo por ele propagado fosse entendido como um sinal característico de uma ordem social futura, para a qual o desenvolvimento histórico se devesse impelir com a necessidade de uma lei passível de ser comprovada. Ao contrário dos demais representantes do movimento na França, ele buscava explicar essa legalidade não como afluxo de uma cientificação crescente, mas como resultado de um processo progressivo de conciliação sempre renovada de classes antagônicas[31]. Com tais alusões ao papel garantidor de progresso da luta de classes sociais, Proudhon, como mestre da sintetização de tradições bastante afastadas entre si, preparou o caminho para a filosofia histórica de Marx. Apesar de este, mais tarde, ter negado toda influência do anarquista francês em sua obra, chegando mesmo a criticá-lo acerbamente[32], em seu materialismo histórico é sempre possível encontrar nítidos vestígios dos raciocínios especulativos de Proudhon.

Seja como for, a obra de Karl Marx apresenta duas versões bem diferentes da ideia de um progresso inevitável, característico do socialismo primevo[33]. Na primeira dessas duas abordagens concorrentes, revelando traços de influência de Hegel e Proudhon, toma-se como força-motriz do

31 Ver as observações em: *ibidem*, p. 208.

32 Karl Marx, *Das Elend der Philosophie. Antwort auf Proudhons "Philosophie des Elends"*, in Karl Marx / Friedrich Engels, *Werke* (MEW), vol. 4, Berlim 1972, p. 63-182.

33 Sobre essa tensão, ver Cornelius Castoriadis, *Gesellschaft als imaginäre Institution*, a passagem citada encontra-se no cap. 1.

desenvolvimento científico a luta de classes sociais, cuja sequência, por esse motivo, deve revelar uma linha contínua de melhorias, uma vez que, a cada nível, impõem-se os interesses de um grupo cada vez maior, excluído até aquele momento. No progresso contínuo mediado pelos conflitos, o socialismo representa, para Marx, o penúltimo estágio, à medida que o proletariado, que aqui conquista o poder de conformação social, constitui a maioria da população cujas aspirações até então tinham estado reprimidas[34]. O segundo modelo explicativo com o qual Marx esperava tornar plausível o pressuposto de um progresso contínuo do gênero humano encontra-se completamente adaptado a um processo linear de aumento do domínio do ambiente baseado no conhecimento. Por isso, não deve ser equivocado suspeitar que, nessa abordagem alternativa, há uma certa continuidade das ideias de Saint-Simon e sua escola. Portanto, no âmbito desse segundo modelo, ao modo de um motor do desenvolvimento social, Marx assume um aumento contínuo da capacidade humana de dominar a natureza, cujo potencial não utilizado deve pouco a pouco forçar sua adaptação pelos modos de organização social. Desse modo gera-se uma forma bastante diferente de progresso inevitável, que, em última instância, consiste em que, por meio de mudanças revolucionárias, relações de produção retardatárias venham sempre buscar uma conformidade ao padrão tecnológico das forças produtivas[35] – por isso, a mais recente

34 Ver Karl Marx / Friedrich Engels, *Manifest der Kommunistischen Partei*, in *Werke* (MEW), vol. 4, a passagem citada encontra-se em p. 459-493.

35 Entre as muitas formulações que Marx deu a essa lei, mencione-se unicamente a que se encontra em Marx, Das *Kapital*, a passagem citada encontra-se em p. 791.

interpretação dessa versão do materialismo histórico, de autoria de Gerald Cohen[36], é com toda a razão a mais convincente, ao caracterizá-lo como uma espécie de determinismo tecnológico.

Em que pesem todas as diferenças, ambos os modelos explicativos – o desenvolvimento produtivo e a luta de classes – concordam em assumir como etapa subsequente e iminente do processo de evolução inevitável da história um modo de produção chamado "socialista", no qual todas as contradições que até então existiam se dissolveriam. O apoio ou a ação dos atores participantes desempenha um papel apenas coadjuvante, já que se trata de mera expressão de necessidades históricas que se lhe imporiam "pelas costas", portanto sem que dele se tenha consciência. Por certo que, na história do marxismo, sempre houve renitentes tentativas de enfraquecer ou relativizar esse papel do conceito da lei no materialismo histórico, para com isso poder fazer frente a evidentes objeções. Os representantes da teoria crítica, por exemplo, propuseram uma compreensão de Marx segundo a qual só se poderia falar num processo histórico de transcurso inevitável se as relações de produção sociais se reproduzissem de forma "natural", esquivando-se, nessa medida, de um comando racional por meio de planejamento humano[37]. Mas a ideia de uma inevitabilidade histórica no

36 Gerald Cohen, *Karl Marx´s Theory of History: A Defence* [1978], Princeton / New Jersey, 2001.

37 Ver, por exemplo, Theodor W. Adorno, "Die Idee der Naturgeschichte", in *Philosophische Früschriften = Gesammelte Schriften*, vol. I, Frankfurt, 1973, p. 345-365; Alfred Schmidt, Alfred. *Der Begriff der Natur in der Lehre von Marx*, Frankfurt, 1971, sobretudo cap. III.

socialismo do século XIX não foi usada dessa forma refinada e limitada historicamente; advinda do otimismo científico de Saint-Simon e fortalecida pela concepção de história rapidamente popularizada de Marx, prevaleceu desde o início a ideia de que as próprias visões de uma comunidade de cooperação de produtores livres produziriam a expressão de algo em direção ao qual o desenvolvimento histórico, com base em sua dinâmica de progresso interno, inevitavelmente se conduziria por si.

Entretanto, como problemático nessa concepção determinista de progresso revelou-se não apenas o fato de ela incentivar uma atitude política de "esperar para ver", que logo se tornou foco de discussões acaloradas[38]. Muitos dos debates do início do século XX entre social-democratas ou comunistas sobre a compreensão exata dos enunciados sobre as leis da história e sobre saber se não seria melhor substituí-las por uma ética ativadora da ação transformadora dão testemunho das confusões que o determinismo histórico-filosófico dos pais fundadores havia criado no movimento socialista[39]. Porém, ainda mais decisivo na ideia de um progresso inevitável se teve que, num horizonte próximo, isso impediria que o desenvolvimento histórico sempre voltasse a ser entendido como uma nova soma de desafios, cuja

38 De maneira exemplar, ver Dieter Groh, *Negative Integration und revolutionärer Attentismus. Die deutsche Sozialdemokratie am Vorabend des Ersten Weltkriegs*. Frankfrut, Berlim e Viena, 1974.

39 Ver, por exemplo, os debates documentados nos volumes a seguir: Hans Jörg Sandkühler (org.), *Marximus und Ethik: Texte zum neukantianischen Sozialismus*, Frankfurt, 1974; Nikolai Bucharin / Abram Deborin, *Kontroversen über dialektischen und mechanistischen Mateialismus*, Frankfurt, 1974.

adequação a melhorias sociais deveria ser explorada por meio de testes experimentais. Como John Dewey mais tarde veio a constatar com lucidez[40], a suposição de existência de inevitabilidades históricas impediu quase por completo que o socialismo se compreendesse como um movimento que deveria descobrir, por meio dos experimentos sociais, de que modo seria possível realizar, o mais rapidamente e da melhor forma possível, a ideia central da liberdade social segundo as condições históricas. Em vez disso, todos os seus representantes tinham por certo desde o início qual forma deveria ser assumida pela concretização da liberdade na nova formação da sociedade, sem que fosse necessário verificar quais oportunidades de mudança as circunstâncias, em rápida mutação, podiam oferecer.

Essa exclusão da experimentação como método prático-histórico não era uma questão de decidir se as dadas relações seriam substituídas por uma reforma ou por uma revolução. Mesmo os que partiam de uma implementação passo a passo dos princípios de organização socialista não queriam deixar a sua determinação à exploração processual de oportunidades e margens de manobra desaproveitadas, mas fingiam possuir já de antemão uma certeza apodítica a esse respeito. No próprio socialismo, a distância em relação a uma compreensão experimental do agir histórico era categórica, não gradual. Em razão da crença no curso inevitável da história, havia de antemão uma clareza de em que deveria consistir

40 Ver John Dewey, *Liberalism and Social Action*, in *The Later Works*, vol. II: 1935-1937, Carbondale 1980, p. 1-65; semelhante reflexão foi mais tarde alegada por Maurice Merleau-Ponty com relação ao marxismo ortodoxo: ver *Die Abenteuer der Dialektik*, a passagem citada encontra-se na p. 65 e ss.

o passo seguinte da mudança social, de modo que, para isso, um teste situacional das potencialidades existentes de modo algum se mostrava necessário.

Essa incapacidade de um experimentalismo histórico no socialismo desde o início encontrou sua mais forte expressão no campo para o qual as ideias por ele desenvolvidas tinham sido quase que exclusivamente previstas. E, de fato, no que diz respeito à conformação social das relações econômicas, desde cedo se impôs, o mais tardar com Marx, a ideia de que, ao mercado, só se poderia seguir a alternativa, por eles pensada, de uma economia planificada já de seu centro, a fazer com que as margens de manobra para as mediações ou reequilíbrios institucionais deixassem de existir. Como consequência desse autobloqueio teórico provocado por um modo de pensar em categorias de sucessão fixa de estágios históricos, o socialismo, ao longo de décadas, acabou perdendo até mesmo a oportunidade de explorar experimentalmente caminhos possíveis para uma realização da liberdade social na esfera econômica. Como no caso de seu próprio adversário, que é a teoria econômica até hoje dominante, já estava determinado de antemão como se pareceria a forma adequada de produção do bem-estar econômico. Se a teoria econômica oficial, anunciada nas cátedras, até hoje apresenta a imagem de um mercado "livre" de influências políticas como se se tratasse de um dogma incontestável, também o socialismo, ao menos diante da consciência pública, continua reduzido à ideia de que só mesmo uma economia planificada segundo um comando central poderia substituir de maneira bem-sucedida a economia de mercado capitalista.

Se agora tentarmos ainda uma vez revisar os três pressupostos conceituais básicos que procurei analisar retrospectivamente, a um olhar mais atento se mostrará que seu surgimento se deve à ligação de circunstâncias intelectuais e sociais da fase inicial da modernização capitalista. Já na premissa da concepção socialista de sociedade e da história se verifica sem esforço que aqui, com base numa situação única do ponto de vista histórico, extraem-se conclusões bem pouco claras. Pois a ideia de que desde então já não seriam necessárias negociações democráticas para o estabelecimento de objetivos comuns, razão pela qual a completa integração social pôde ser deixada à vontade unificada dos produtores cooperantes entre si, provavelmente só teria ocorrido a alguém que se deixou conduzir pela enorme dinâmica da industrialização incipiente, com a suposição de que, no poder organizador dessa industrialização, estaria também a fonte do controle político. A ideia equivocada de no futuro se poder vir a renunciar à concessão de direitos de liberdades individuais foi, nessa medida, o preço com que os primeiros socialistas tiveram de arcar por suas crenças inquestionadas no esforço de integração abrangente do trabalho social. O mesmo se pode dizer do segundo pressuposto básico problemático com que deparamos ao passar pelos pontos de concordância do pensamento teórico-social, de Saint-Simon a Marx. Ora, também a convicção de que o sistema social capitalista traga consigo, de saída, um opositor interno sob a forma de um proletariado disposto a realizar a revolução, e, nesse proletariado, o movimento socialista poderia apoiar-se duradouramente, só pode ser entendida tendo como pano de fundo a primeira industrialização, uma industrialização praticamente desenfreada. Naquela época, anterior a toda legislação social e a toda conquista pelo direito do voto, talvez por um breve momento pôde mesmo parecer que a classe dos trabalhadores da indústria, em razão da exploração forçada, da redução dos salários e da permanente ameaça do desemprego, fundir-se-ia de tal maneira que seus membros estariam em condições de formar um interesse unificado na superação do capitalismo – mas o que se teve depois disso, resumido *grosso modo* no conceito de "aburguesamento", acabou por desmentir o prognóstico próprio de uma época e, com isso, o método de atribuição de interesses objetivos. A mesma dependência do processo de Revolução Industrial vale também para a terceira premissa da teoria social dos primeiros socialistas, qual seja, o pressuposto de um progresso inevitável na história humana. Entretanto, não foram os dados socioeconômicos, e sim os dados intelectuais da época que se condensaram no pensamento de nossos autores. Tanto a concepção de história dos saint-simonistas quanto a de Louis Blanc ou a de Karl Marx nutriram-se intensamente do espírito de progresso do período inicial do Iluminismo, no qual a esperança no efeito benéfico de ciência e técnica frequentemente assumia a forma de enunciados legitimadores acerca da melhoria gradual das circunstâncias da vida humana[41]. Esse otimismo da filosofia da história, presente desde os primórdios do pensamento socialista até o materialismo histórico meio século mais tarde, encontraria aplicação na ideia de que a formação social a que na prática se aspirava e se designava como "socialista" seria a fase que, no futuro previsível, viria a se seguir necessariamente com uma quase inevitabilidade causal do estado que então se apresentava.

41 Ver, por exemplo: Nisbet, *History of the Idea of Progress*, a passagem citada encontra-se especialmente na parte II, cap. 6; Peter Gay, *The Enlightenment: The Science of Freedom*, Nova York, 1996, cap II.

Certamente não é equivocado, e hoje quase não demanda fundamentação, supor que a causa para o rápido e silencioso envelhecimento das ideias socialistas após o final da Segunda Guerra Mundial deveu-se às ligações das ideias socialistas ao espírito e à sociedade da Revolução Industrial. Tão logo as circunstâncias sociais se modificaram radicalmente por meio de inovações tecnológicas, mudanças sociais estruturais e reformas políticas – portanto, durante as décadas de 1960 e 1970 –, as ideias dos pais fundadores perderam toda a sua força de atração original, pois, afinal de contas, em seu teor teórico-político, elas estavam profundamente enraizadas no início do século XIX. Por isso, toda e qualquer tentativa de fazer hoje despertar os antigos ideais para uma nova vida deve iniciar-se com o laborioso esforço de anular paulatinamente sua interligação com os pressupostos básicos da teoria social que de lá para cá se tornaram insustentáveis, criando lugar para a sua articulação contemporânea. Só mesmo quando a visão original da liberdade social puder desdobrar-se numa teoria da sociedade e da história que esteja à altura das condições atuais, ela poderá, talvez, recobrar um tanto de sua antiga virulência. Mas, para isso, é preciso cautela, uma vez que as três premissas acima mencionadas não podem ser eliminadas sem um substituto. Uma vez que elas muito mais constituem elementos necessários para uma teoria que motiva a prática e que é orientada para o futuro, sucedâneo teórico para ela tem de ser encontrado num plano mais abstrato, desatrelado do espírito industrialista. Pretendo dedicar os próximos dois capítulos de meu estudo ao trabalho de dar às primeiras propostas a reformulação necessária. Num primeiro momento, juntamente com um tratamento da crítica da economia de mercado capitalista, eu gostaria de apresentar como deveria ser a compreensão da história do socialismo hoje, se com isso, não obstante a renúncia em toda crença numa inevitabilidade ou na hipótese de um automatismo histórico, pode-se de novo despertar a confiança na factibilidade das melhorias que se tem em vista (cap. III). Em um passo seguinte, será o caso de esboçar quão radicalmente se teria de modificar a compreensão da sociedade e, com isso, também o inteiro horizonte de projeto do socialismo se, após um longo hesitar, finalmente se chegasse ao conhecimento adequado do fato da diferenciação funcional das sociedades modernas (cap. IV).

III
CAMINHOS DA RENOVAÇÃO (I): SOCIALISMO COMO EXPERIMENTALISMO HISTÓRICO

A fim de iniciar este terceiro capítulo, os resultados das reflexões até agora realizadas devem ser brevemente resumidos mais uma vez para que se possa averiguar em que consistem hoje, de modo geral, os desafios de uma renovação do socialismo. Se quiséssemos sintetizar os traços constitutivos desse movimento teórico num único enunciado, pelo que foi dito até agora, chegaríamos a uma formulação paradoxal: o socialismo desenvolve a ideia fértil e de grande amplitude de uma dissolução dos legados contraditórios da Revolução Francesa por meio da institucionalização das liberdades no seio de uma forma de pensar que em quase todos os aspectos deve seu conteúdo de experiência à Revolução Industrial. Para se ressaltar com ainda maior clareza o paradoxo, com uma ideia tomada de empréstimo de Marx, pode-se dizer que, no socialismo, pelo arcabouço teórico de uma formação de discurso provinda da Revolução Industrial, a força produtiva normativa da ideia de liberdade social impede-o de desdobrar efetivamente o potencial que lhe é inerente. Os motivos excedentes, que o pautam para muito além de seu tempo, estavam contidos na intenção prático-política de ordenar futuramente a sociedade moderna ao modo de uma comunidade de sujeitos que atuam uns para os outros; com isso, os teóricos do movimento original não puderam deles tirar o devido proveito – afinal de contas, eles estavam muito estreitamente atrelados aos pressupostos conceituais da sociedade de trabalho do capitalismo de Manchester.

Diagnósticos semelhantes da problemática fundamental do socialismo a partir de uma perspectiva de crítica simpatizante existiam já desde o final da Segunda Guerra Mundial. Em posição de destaque certamente se deve mencionar os trabalhos do círculo francês que se reuniu no pós-guerra em torno do periódico *Socialisme ou barbarie* e, como seu representante mais importante, pode-se arrolar Cornelius Castoriadis[1]. Além disso, também a tentativa empreendida por Jürgen Habermas, logo após a Queda do Muro, de isolar o núcleo do socialismo que seria digno de preservação certamente deve ser incluída nesses esforços de uma revivificação contemporânea da ideia original[2]. Diferentemente do chamado "marxismo analítico", que procurava simplesmente se livrar dos problemas acima referidos, apresentando o socialismo como alternativa puramente normativa às teorias da justiça liberais[3], a outra linha de pensamento tradicional, representada de modo exemplar por Cornelius Castoriadis e Jürgen Habermas, aferrava-se à ideia de que essa doutrina tem de constituir uma teoria que garanta reflexivamente as suas próprias condições de possibilidade e, com uma intenção prática, vise a outra

1 Castoriadis, *Sozialismus oder Barbarei*. Ao mesmo contexto certamente pertencem também as propostas de revisão do grupo "Praxis" da Iugoslávia; ver, de modo exemplar, Predrag Vranicki, *Marxismus und Sozialismus*, Frankfurt, 1985; Gajo Petrovic, *Wider den autoritären Marxismus*, Frankfurt, 1969.

2 Jürgen Habermas, "Nachholende Revolution und linker Revisionsbedarf. Was heißt Sozialismus heute? in *Die nachholende Revolution*, Frankfurt, 1990, p. 179-204.

3 Ver John Roemer (org.), *Analytical Marxism*, Cambridge 1986; Cohen, *Self-Ownership, Freedom, and Equality*, no lugar indicado. Sobre o déficit prático-político das ideias socialistas desenvolvidas pelo marxismo analítico, Joshua Cohen e Joel Rogers teceram observações de modo bastante convincente: "My Utopia or Yours?", in Erik Olin Wright (org.), *Equal Shares. Making Market Socialism Work*, Londres/Nova York, 1996, p. 93-109.

forma de vida. Por conseguinte, no socialismo, anseia-se por muito mais do que mera concepção aperfeiçoada de justiça social, à medida que se intenciona mais do que a justificação mais convincente possível de um dever moral, uma vez que, ao se empregar o conceito de movimento orientado para o futuro, pretende-se sempre também tornar a sociedade moderna "social" no pleno sentido da palavra, e isso mediante a liberação ativadora de forças ou potenciais que já lhe são inerentes. Quem hoje se põe a compreender o desafio de intentar uma renovação do socialismo de modo tão abrangente depara-se com uma série de problemas de difícil solução em face da pesada herança enraizada nos primórdios do industrialismo. Pois, para todas as hipóteses básicas enganadoras de tipo histórico ou teórico-social, com as quais os primeiros pensadores do movimento procuraram satisfazer as pretensões que impunham a si mesmos, faz-se necessário um substituto objetivo num grau mais elevado de generalização. Nem a ideia normativa de um estabelecimento das liberdades sociais, nem a ideia de uma força de movimento que já as representasse no interior da sociedade, nem o pressuposto de uma tendência histórica que apoiasse as próprias intenções puderam ser formulados nos moldes um dia originalmente assumidos pelos pais fundadores. Muito mais é o caso de encontrar um complemento para todas as três hipóteses básicas que, tomadas em conjunto, constituem o socialismo, antes de mais nada, como uma teoria prática a objetivar mudanças. Nessa medida, se queremos que o socialismo tenha um futuro hoje, ele só poderá ser revitalizado sob uma forma pós-marxista.

Grosso modo, esboça-se com isso a tarefa que, ao menos em seus primeiros contornos, eu gostaria de levar a bom termo nos dois capítulos a seguir. Para os elementos individuais da teoria da história e da sociedade do socialismo clássico, trata-se de encontrar formulações mais abstratas e adequadas a nosso tempo que se mostrem justificáveis e historicamente possíveis e que nossas forças reunidas se orientem não mais para nossa liberdade individual, mas para nossa liberdade social. Entretanto, nesse primeiro esboço, já não posso proceder, a exemplo do que se teve no segundo capítulo, passo por passo, como aos três pilares da teoria social socialista. Se, para tanto, cumpre encontrar soluções num plano mais abstrato, tenho de, a todo tempo, ir e voltar entre as diferentes hipóteses básicas, já que uma correção num campo muitas vezes só poderá ser obtida levando-se em conta correções em outro. E, como sempre, também em minha busca de um reajuste na imagem da sociedade e da história que sirva ao socialismo, tudo está conectado a tudo o mais; nenhuma premissa da concepção tradicional e ultrapassada poderá ser alterada sem alterar as outras.

Nessa atualização do socialismo, parece-me igualmente razoável iniciar agora com o aspecto que introduzi antes na reconstrução das premissas de sua teoria social. Afinal de contas, a intenção de nomear o lugar em que, no seio da sociedade moderna, futuramente a liberdade social há de encontrar um lugar institucional constitui o foco e o fulcro de todos os esforços práticos do movimento original. Como vimos, seus pensadores, sem exceção, compartilhavam da convicção de que a causa social para a compreensão meramente individualista da liberdade e, com isso, para a discórdia no sistema de legitimação da nova ordem liberal, encontrava-se nas coerções comportamentais relativas ao sistema econômico que obriga todos os participantes a seguir apenas os seus próprios interesses e, de modo correspondente, considerar os parceiros de interação como meros concorrentes. Embora de início houvesse ainda grande obscuridade sobre como a economia de mercado prestes a se estabelecer deveria ser entendida em seus pormenores – e, quanto a isso, apenas Marx, mais tarde, com sua análise do capitalismo, proporcionaria alguma clareza[4] –, há uma concordância sobre a necessidade de uma superação radical do individualismo para que o projeto de uma reconciliação entre liberdade e fraternidade e, com isso, o de um "tornar-se social" da sociedade pudessem ter uma perspectiva de sucesso. Nessa equiparação entre solidariedade a se criar e sistema econômico a se modificar, de liberdade social e economia cooperativa, é possível encontrar o motivo para que, no socialismo, já logo depois de seu surgimento, se pudesse visualizar um programa de política econômica. Uma vez que, no seio do movimento, predominava a convicção de que as forças de crescente dessocialização e individualização enraizavam-se exclusivamente na nova ordem econômica capitalista, concluía-se, de modo puro e simples, que, com a substituição da liberdade individual pela social nesse mesmo lugar, também se criaria a condição prévia necessária de fundação de relações solidárias entre membros da sociedade. Entendo que a conclusão que acabo de expressar, decisiva para o socialismo tradicional como um todo, deva ser submetida a duas correções independentes entre si, isso se quisermos que suas intenções ainda uma vez se façam fecundas na atualidade. A primeira dessas revisões está relacionada ao tipo de ideias que já

4 Sobre o significado e os limites da teoria de mercado marxista, ver Heimann, *Geschichte der volkswirtschafltichen Lerhmeinungen*, a passagem referida encontra-se no cap. VI.

naquele tempo foram desenvolvidas tendo em vista a necessidade da transformação do sistema econômico (1), enquanto a segunda diz respeito à intenção geral de pensar as liberdades de uma sociedade futura e solidária apenas nos termos de uma liberdade social ancorada no seio da esfera econômica (2). Com isso, quero voltar-me à primeira dessas duas correções necessárias neste capítulo, a fim de tratar, no subsequente quarto capítulo, da questão de uma constituição liberal de uma sociedade futura a que se possa denominar "socialista". No curso de ambas essas elucidações se mostrará então que correções precisamente no coração da política econômica do socialismo original fazem-se necessárias simultaneamente a alterações nas duas outras premissas teóricas, ou seja, em seu conceito de história assim como no modelo de sociedade que a ele subjaz.

No que concerne aos primeiros socialistas, ainda se pode dizer, talvez com alguma boa vontade hermenêutica, que eles entenderam seus esboços de uma ordem econômica alternativa como ensaios experimentais de margem de manobra que o meio recém-surgido do mercado de expansão das relações solidárias e cooperativas ofereceria a seus participantes. Em todo caso, as iniciativas de Owens quanto à criação de cooperativas de produção e aos planos, desenvolvidos sobretudo na França, de criação de um banco central para cuidar da distribuição justa do capital inicial entre as empresas, sobretudo entre as camadas inferiores, visavam essencialmente a prover às massas trabalhadoras – sob a forma de cooperativas autoadministradas – parceiros fortes num mercado normativamente ancorado na regulação de preços e disposições legais. Para lançar mão de um conceito cunhado muito mais tarde, tratava-se predominantemente das aspirações que criassem as pré-condições para uma liberdade social existente na esfera econômica, por meio de medidas "socialistas de mercado" dos mais diferentes tipos[5]. A uma visão retrospectiva, em face da virulência e da dinâmica brutal com que os donos do capital já outrora começaram a impor seus interesses de valorização, tais aspirações parecem em certa medida ingênuas, mas detêm não apenas o encanto do início corajoso, como também a vantagem de uma atitude de *learning by doing*. Aos participantes, ainda não estava de todo claro com que tipo de sistema econômico teriam de se haver nas atividades político-intelectuais, sendo muito mais o caso de, não obstante a crença ilimitada num progresso inevitável para o socialismo, pôr à prova até que ponto iria a resiliência moral do mercado. Somente com a entrada de Marx esse modo de proceder do socialismo primevo, que talvez se pudesse chamar ainda de "experimental", viria a se alterar fundamentalmente. Afinal de contas, ao contrário de seus companheiros, o jovem exilado desde cedo defendeu a visão de que o mercado, sob a forma que então já assumia, de um inteiro conjunto de relações sociais, não permitiria de bom grado que, de maneira arbitrária, dele fossem arrancados segmentos específicos segundo noções de natureza moral. Como elementos essenciais dessa nova formação social, Marx, de longe o economista mais talentoso entre os primeiros socialistas, considera, além das relações de troca reguladas pela lei da oferta e da procura, a ordenação capitalista privada dos meios de produção, por um lado, e a originária falta de propriedade do proletariado, criador de valor, por outro lado. A seus olhos, todos esses três componentes

5 Para uma discussão a respeito, ver, por exemplo, Wright (org.), *Equal Shares*.

devem constituir uma unidade inseparável, compondo uma "totalidade" no sentido hegeliano, que ele começava a cobrir já em seus primeiros escritos com o conceito de "capitalismo". Nos trabalhos de Marx, apenas eventualmente transparece a possibilidade de o mercado capitalista não vir a constituir ao final uma unidade rígida, mas sim um conjunto de instituições capazes de mudança e em constante transformação, cuja passibilidade de reforma só se poria à prova por meio de repetidos experimentos[6].

Marx, porém, em razão de sua manobra conceitual derivada do pensamento da totalidade de Hegel, de tal maneira equacionou a multiplicidade de formas do mercado ao capitalismo que, após sua morte, durante muito tempo, no movimento, fez-se impossível pensar a forma econômica alternativa socialista, a não ser como uma economia inteiramente de livre mercado. E, uma vez que para tal o único modelo que parecia estar à disposição era uma economia centralmente planificada, chegava a existir uma pressão para se representar as relações internas da nova ordem econômica segundo o padrão de uma relação vertical de todos os atores com uma instância de grau superior, ainda que, segundo a intuição original, não obstante, os produtores devessem entabular entre si relações horizontais. Assim, por mais que

6 Uma grande exceção na obra de Marx – na maioria das vezes ele fala do "capitalismo" como sendo uma "cápsula de bronze" (Max Weber) – encontra-se em "Inauguraladresse der Internationalen Arbeiter-Assoziation", texto no qual ele fala de uma luta entre a "economia política da classe média" e a "classe trabalhadora" pelo modo de produção adequado. Nesse contexto, refere-se ao "movimento cooperativo" ou às "fábricas cooperativas" e aos "grandes experimentos" como se com isso quisesse admitir que a tarefa de "controle social da produção por inspeção e previsão" (!) fosse um ensaio experimental do mercado (capitalista): ver Karl Marx, "Inauguraladresse der Internationalen Arbeiter-Assoziation", in Karl Marx / Friedrich Engels, *Werke* (MEW), vol. 16, Berlim, 1968, p. 5-13, sobretudo p. 11 e ss; sobre a crítica à concepção de capitalismo como um sistema que opera segundo as próprias leis, ver Honneth, "Die Moral im 'Kapital'. Versuch einer Korrektur der Marxschen Ökonomiekritik".

a análise capitalista do marxismo tenha sido útil para o movimento socialista, proporcionando-lhe uma teoria econômica sistemática fechada, e que na continuidade deveria fazer concorrência à economia clássica, seus traços totalizantes lhe foram desvantajosos em termos globais. Portanto, com a ideia de que o capitalismo comporia um sistema de sociedade único, a que tenderia o mercado em expansão permanente em razão do imperativo intrínseco de uma contínua valorização, Marx privou o capitalismo de toda e qualquer possibilidade de, para além de uma economia planificada e centralizada, refletir sobre os caminhos institucionais de socialização da economia.

É verdade que hoje o mercado capitalista continua a oferecer uma imagem que parece corresponder com precisão a todas as tendências de desenvolvimento previstas por Marx. Isso não apenas porque ao proletariado da antiga indústria e da nova prestação de serviços foi suprimida toda perspectiva de emprego a longo prazo nas relações laborais protegidas, e a esse aspecto acrescente-se que o rendimento financeiro dos rentistas tem sido alto como raramente o foi algum dia, de modo que a desigualdade de renda entre os poucos abastados e a grande massa aumentou enormemente. Além disso, aumenta cada vez mais a submissão de setores públicos ao princípio da rentabilidade econômica, de modo que o prognóstico de Marx acerca de uma "real subsunção" de todos os domínios da vida ao capital parece verificar-se cada vez mais[7]. Mas nem sempre foi assim na história da sociedade de mercado capitalista, nem há uma obrigatoriedade histó-

7 Sobre a primeira tendência, ver Thomas Piketty, *Das Kapital im 21. Jahrhundert*, München, 2014; e, sobre a segunda tendência, Wolfgang Streeck, *Gekaufte Zeit. Die vertagte Krise des demokratischen Kapitalismus*, Berlim, 2013, sobretudo o cap. III.

rica de que assim permaneça. A tarefa mais importante para uma revivescência da tradição socialista consiste em tornar a anular a equiparação empreendida por Marx entre economia de mercado e capitalismo, a fim de se conquistar espaços livres para o esboço de modos alternativos de uso do mercado. Se pensarmos mais uma vez na intenção original do socialismo, segundo a qual as promessas da Revolução Francesa de institucionalização da liberdade social deveriam realizar-se no âmbito econômico, em princípio poderemos dispor de três modelos para a ação horizontal dos trabalhadores uns para os outros e sua complementariedade: em primeiro lugar, tem-se o mercado tal como representado por Adam Smith, que interpretou o mecanismo da oferta e da procura como uma "mão invisível", por meio da qual os interesses econômicos deveriam poder reciprocamente complementar os interesses econômicos de cidadãos iguais e de boas intenções[8]. Na sequência se tem a visão inspiradora de uma "liga de produtores livres", significando manifestamente que os membros aptos ao trabalho de uma comunidade organizem e administrem, de maneira autônoma e em autocontrole democrático, seus interesses econômicos segundo os parâmetros da sociedade civil. E, por fim, podemos também de tal maneira representar o exercício da liberdade social no âmbito econômico que, na formação da vontade democrática, as cidadãs e os cidadãos encarreguem um órgão estatal de controlar e supervisionar o processo de reprodução econômica com interesse no bem-estar social[9]. Nenhum dos três

8 Adam Smith, *Der Wohlstand der Nationen* [original inglês: Londres, 1789), München, 1900; a esse respeito, comparar Lisa Herzog, *Inventing the Market: Smith, Hegel and Political Thought*, Oxford, 2013.

9 Sobre a diferença entre esses três modelos, ver Erik Olin Wright, *Envisioning Real Utopias*, Londres, 2010, cap. 7.

modelos assim esboçados merece ser simplesmente posto de lado ao se propor uma revisão profunda do socialismo. Pelo contrário, uma vez que os três compartilham da ideia elementar de alocar os meios apropriados para a satisfação de necessidades compartilhadas por todos os atores que, sob oportunidades iguais de participação, possam compreender como agir reciprocamente uns para os outros, tais modelos em princípio devem ser vistos como alternativas de igual peso no mercado capitalista – e, nesse contexto, por certo que não se deve esquecer que Adam Smith originalmente desejava caracterizar o mercado como uma instituição econômica à qual os sujeitos interessados, em proveito próprio, encontrassem-se com um sentimento benevolente em relação aos interesses justificados dos demais[10]. Mas, se todos os três modelos se constituem a um só tempo candidatos possíveis à implementação institucional da intenção normativa de realizar a liberdade social no seio da esfera econômica, entre eles não pode haver nenhuma precisão apodítica que suprima uma verificação. Em vez disso, um socialismo renovado deve dar uma resposta prática a experimentos em realização, comprovando assim qual dos três princípios de controle do mercado, da sociedade civil ou do Estado de direito democrático seja o mais apropriado para o objetivo de se realizar a liberdade social na esfera econômica. Antes de seguir o fio da meada de minhas reflexões, devo em primeiro lugar submeter o segundo pilar do socialismo clássico a uma revisão fundamental. Ora, a ideia de ampliar a margem de manobra da liberdade social no âmbito da economia, buscando formas adequadas de sua implementação institucional

10 Herzog, *Inventing the Market*; Samuel Fleschhacker, *On Adam Smith´s "Wealth of Nations". A Philosophical Companion*, Princeton, 2004, parte II.

mediante experiências, é inconciliável com a ideia advogada de Saint-Simon até Karl Marx de que a história humana se realiza sob a forma de um progresso inevitável.

Conforme mencionado no capítulo II, John Dewey objetou, contra o socialismo em sua forma tradicional, que não estaria em condições de uma compreensão experimental do processo de mudanças históricas. Quando se pressupõe, segundo Dewey, que a forma do estágio seguinte do desenvolvimento histórico já está definida e, portanto, que, à formação de sociedade capitalista, tem de necessariamente se seguir uma formação de sociedade socialista determinada de antemão, então não mais se tem necessidade alguma de, por prospecção dos potenciais dados no presente, descobrir quais medidas seriam apropriadas para se chegar às melhorias desejadas[11]. Essa objeção já não tem nenhuma função corretiva, mas um caráter de princípio; ela deve fazer ver que o pressuposto de uma inevitabilidade histórica é inconciliável com um método intelectual de ensaio de experimentação de espaços de manobra para as mudanças específicas, uma vez que, a depender da situação, ou as afirmações sobre passos a se dar para a efetivação do progresso social são entendidas como resultado da percepção objetiva de leis históricas, ou então como o resultado da exploração de possibilidades das mudanças pretendidas. Entretanto, também essa compreensão experimental da história, segundo a qual o processo histórico detém sempre novas possibilidades de melhoria a cada nível sucessivo, anseia por um fio condutor para definir o que se pode fazer como melhoria em sentido concreto – como "potencialidade" só pode ser vista uma

11 Ver Dewey, *Liberalism and Social Action*, p. 41-65.

dada circunstância se antes se especificar, ainda que de forma vaga, qual seria a sua serventia adequada.

Nessa passagem, John Dewey opera com uma ideia bastante especulativa que, de longe, lembra a ideia de Hegel, a qual, de modo surpreendente, apresenta tamanho parentesco com a representação socialista inicial de liberdade social que nos pode servir como primeira indicação para uma solução do problema com que deparamos. Afinal, de acordo com Dewey, como fio condutor normativo da busca experimental do que se considerava uma resposta mais abrangente a uma situação vista como socialmente problemática, deve ser entendida a ideia de eliminação de barreiras que se contrapõem à comunicação desimpedida dos membros da sociedade com o intuito de uma solução inteligente dos problemas[12]. À hipótese de superioridade normativa de uma forma cooperativa de lidar com a situação, que se consuma na liberdade social, Dewey chega, com base em reflexões que lançam raízes profundas na filosofia natural, revelando algo sobre o tipo de força evolucionária em que se pode apoiar um socialismo revisado, caso pretenda compreender a si próprio como expressão não de um dever moral, mas de uma tendência histórica. O ponto de partida das reflexões de amplo alcance de Dewey se constitui na tese segundo a qual o comportamento "associativo" ou "comunitário" representa um traço essencial de tudo o que é dado, à medida que só ocorre evolução sob a forma de uma liberação e realização de potenciais existentes por meio de um en-

12 *Ibidem*; ver também, entre outros, John Dewey, "Die umfassende philosophische Idee", in *Philosophie und Zivilisation*, Frankfurt, 2003, p. 79-93 (em inglês: "The Inclusive Philosophic Idea" [1928], in *Later Works*, vol. 3, p. 41-54). Para o que segue, ver tambem John Dewey, Erfahrung und Natur, Frankfurt, 1995, cap. 5.

trar em contato com "coisas específicas" de início isoladas: as possibilidades ainda não reveladas, e nessa medida futuras, contidas nos respectivos fenômenos, só chegam à realização quando começam a se comunicar entre si. A tendência assim esboçada de toda a realidade de, por meio da "interação" entre os respectivos elementos, desvincular-se de possibilidades não aproveitadas e com isso criar novas realidades, encontra-se em todos os níveis do que é dado, razão pela qual se estende do nível físico ao orgânico, chegando ao "psíquico". O grau mais elevado nessa estratificação da realidade vem a ser, para Dewey, o "social", pois, por meio de "formas de agrupamento especificamente humanas"[13], a riqueza e a sutileza da liberação dos potenciais humanos é mais uma vez intensificada. O que se tem é que, no grau evolucionário do social, a característica interativa de toda a realidade assumiu a qualidade peculiar de uma comunicação mediada de significados, de modo que só mesmo aquele que antes tiver liberado o seu potencial poderá mais uma vez visar a significados adicionais, podendo, com isso, ser multiplicado em sua quantidade. Ocorre que, segundo Dewey, também para esse grau mais elevado de realidade se deve aplicar o que já se mostrou nos graus anteriores, ou seja, as potencialidades existentes são tanto mais possíveis de liberação e realização quanto mais desobstruidamente puderem interagir os elementos individuais entre si. E, desde então, por fim, Dewey acredita que se possa seguir o que, no âmbito da realidade das comunidades humanas, só puder ser plenamente realizado quando todos os seus membros puderem participar, da maneira mais desimpedida e menos coercitiva

13 Dewey, "Die umfassende philosophische Idee", p. 81.

possível, na comunicação transmissora de sentido, característica dessas comunidades.

Uma vez que essa característica do "social", que é a comunicação tão ilimitada quanto possível dos membros da sociedade entre si, constitui realmente uma força no seio da sociedade e, com isso, produz nela uma tendência histórica, tal se deve, segundo Dewey, à convicção de outra circunstância independente. Com o tempo, todo e qualquer grupo até então excluído da interação deve, segundo seu ponto de vista, desenvolver um interesse elementar na inclusão nos processos de comunicação da sociedade, já que isolamento e compartimentação trariam consigo sempre o risco de uma perda de liberdade interna, de paralisação da prosperidade e do crescimento isentos de coerções. Nessa medida, a partir da visão de Dewey, tem-se os protestos periódicos de grupos sociais contra a sua exclusão da interação abrangente, o que, no âmbito da história humana, propicia que a estrutura da comunicação ilimitada, na qual se baseia todo o social, pouco a pouco se torne realidade no mundo da vida social[14]. Se voltarmos para a questão sobre o que, na exploração experimental de soluções apropriadas para situações geralmente vivenciadas como problemáticas, pode ser considerado fio condutor para melhorias, a resposta de Dewey assume um caráter metodológico: depois de tudo o que foi dito, parece que experimentos histórico-sociais conduzem a soluções tanto melhores e mais estáveis quanto mais os afetados pelo problema em questão estiverem

14 Dewey, *Lectures in China, 1919-20*, p. 64-71. Foi Arvi Särkelä que me fez atentar para a particularidade dessa abordagem de Dewey; a esse respeito, comparar também o ensaio "Ein Drama in drei Akten. Der Kampf um öffentliche Annerkennung nach Dewey und Hegel", in *Deutsche Zeitschrift für Philosophie*, 61 (2013), p. 681-696.

envolvidos na exploração das referidas soluções. De fato, com a progressiva ausência de limites da comunicação, cresce também a capacidade da comunidade em questão de se aperceber do máximo de potencialidades subutilizadas no presente que deveriam ser apropriadas para uma solução produtiva das dificuldades surgidas. Se quisermos traduzir essa ideia metodológica traduzindo-a de forma breve na linguagem da filosofia hegeliana do espírito objetivo, ela significa que o que se pode mensurar como avanço nas esferas sociais reside em saber se as mudanças em curso libertam seus portadores, os sujeitos que se relacionam entre si, das dependências que lhes foram impostas até então e de determinações que lhes são meramente externas, não desejadas por eles. Se uma mudança na constituição institucional de uma sociedade cumprir a condição que com isso se esboça, portanto, se ela conduzir a uma emancipação das limitações que antes impediam a igualitária participação de todos na autoconstituição social, então, segundo Hegel, essa mudança pode ser considerada uma fase no processo da realização abrangente da liberdade[15]. Poder-se-ia dizer que, também para Hegel, as "melhorias" na esfera do social resultam de passos de superação de barreiras que se contrapõem a uma comunicação não coercitiva dos membros entre si, com o objetivo de uma exploração e determinação tão razoável quanto possível das regras da vida em comum. Para nosso problema, que é o de querer substituir na autocompreensão

15 John Dewey vislumbrou com nitidez esse parentesco entre a sua própria concepção de uma força de libertação de barreiras de comunicação ativa no meio do "social" e a ideia hegeliana da história como um avanço na consciência da liberdade: John Dewey, "Lecture on Hegel" [1897], in John R. Shock / James A. Good, *John Dewey's Philosophy of Spirit*, Nova York, 2010. Sobre a interpretação da história da filosofia hegeliana no sentido aqui esboçado, ver também a notável interpretação de Rahel Jaeggi em *Kritik von Lebensformen*, Berlim, 2013, p. 423 e ss.

histórica do socialismo a fé nas leis, até agora predominante, pelo experimentalismo histórico, essas reflexões aparentemente podem sugerir mais do que possa parecer a uma primeira impressão. A ideia esposada conjuntamente por Dewey e Hegel de que só pode servir de critério para as melhorias sociais o ponto de vista superior de libertação das barreiras da comunicação e das dependências que entravam a comunicação é-nos um instrumento teórico bem à mão para, com seu auxílio, tornar compreensível a ideia de liberdade social, ao tempo mesmo em que torna compreensível a ideia de liberdade social tanto como fundamento histórico quanto como fio condutor de um socialismo entendido como experimental[16].

Para tornar plausível essa noção que de início pode soar um tanto absurda, é preciso de antemão mais uma vez proceder a uma breve rememoração da compreensão da história do socialismo primevo. Vimos que, segundo essa compreensão, a própria teoria, prática e voltada para o futuro, era tida como uma tomada de consciência do avanço inevitável das forças produtivas humanas ou do estado atual da luta de classes que, da mesma forma, inevitavelmente impelia adiante. E, em ambos os casos, como representante social dessa introjeção de uma passagem agora necessária para uma formação social mais elevada, historicamente adequada, era compreendido o proletariado, ao qual, no curto prazo, foi atribuído um interesse objetivo nas referidas mudanças. Ocorre que, depois que ambas as certezas de fundo – a de um progresso inevitável e a de um proletariado revolucionário – entraram em colapso, chegando mesmo a se revelar ficções

16 Sobre a lógica de um experimentalismo histórico, ver também *ibidem*, cap. 10.1.

científicas da época da Revolução Industrial, o socialismo se viu em perigo de já não poder contar com uma tendência da história propulsiva capaz de emprestar um apoio social a suas exigências normativas. Mas com isso ele ameaçava, ou até hoje ameaça, converter-se numa teoria da justiça puramente normativa entre muitas outras, compreendendo suas exigências apenas como apelo a um dever, mas não como expressão de um querer de algum modo já dado[17]. Para se evadir dessa situação melindrosa, que no fundo significaria o naufrágio do socialismo como expressão de uma tendência histórica, faz-se necessário buscar uma forma alternativa de ancoramento histórico. Aquele que, entre seus partidários, puder renunciar a acreditar, tomando-a por especulação supérflua, já bem deve ter admitido que, no futuro, em nossa autocompreensão político-moral, tampouco se poderá sustentar qualquer visão socialista. Porém, no que diz respeito a uma alternativa, ao que aparece no pensamento de John Dewey (e de Hegel), esboçado nas páginas anteriores, encontra-se a melhor possibilidade para o socialismo, num grau mais elevado de

17 Se não estou enganado, eis a inteira diferença em relação à autocompreensão teórica da concepção de justiça que John Rawls desenvolveu de maneira clara e prudente em sempre renovadas formulações com o passar dos anos. Enquanto ele tinha a convicção de que a tarefa, hoje, da concepção política de justiça deve consistir em chamar a atenção dos membros das sociedades democráticas por meio da utilização de ideais normativos já aceitos para os princípios de justiça que devem ser aprovados por eles, havendo uma conciliação com as instituições já existentes (John Rawls, *Gerechtigkeit als Fairneß. Ein Neuentwurf*, Frankfurt, 2003, p. 19-24), o socialismo, ao contrário, consciente das tendências que o amparam historicamente, pretende atentar para as promessas não cumpridas numa ordem social existente, cuja realização exigiria uma transformação dos dados institucionais. Por conseguinte, as diferenças não residem apenas em pontos de referência éticos pressupostos – a autonomia individual e a liberdade social –, mas encontram-se também na perspectiva prático-política necessária, que Rawls deve entender como perspectiva de conciliação ética do socialismo, enquanto o socialismo, pelo contrário, tem de entendê-la como perspectiva de permanente ultrapassamento.

abstração, poder garantir uma força que suporte as suas próprias exigências no processo histórico. Essa reflexão dá ensejo à suposição de que a ideia desenvolvida por Dewey de um movimento de remoção das restrições à comunicação e à interação social a permear a história se assemelhe bastante ao movimento que os socialistas primevos acreditavam poder transmitir à esfera econômica. Pois o objetivo por eles perseguido de eliminar o bloqueio à realização igualitária dos três princípios da Revolução Francesa, criando condições de liberdade social no âmbito da ação econômica, ao final nada mais significa do que buscar a solução para a superação do antagonismo surgido e vivenciado como impedimento normativo à liberdade individual e à solidariedade numa restrição mais ampla à comunicação social. Nenhum outro pensador do socialismo primevo esteve tão convicto de que o próprio movimento deveria representar a busca de aprofundamento do princípio de eliminação das barreiras da comunicação social, princípio esse inteiramente determinado pela história, como Proudhon, sob a influência de Hegel. Em uma passagem de sua obra se tem que, precisamente no sentido de Dewey, a tendência de expressar o crescimento vivo deve ser entendida como força de toda evolução social, quando não de todo organismo vivo[18].

Se o socialismo se basear em tal autocompreensão histórica, ele já não deve ser visto como consciência articulada das mudanças sociais, que têm de ser concretizadas como consequência inevitável do potencial de desenvolvimento produtivo que nesse ínterim se fez por demais avançado e inexequível do ponto de vista social. Tampouco pode ser entendido, como por vezes acon-

18 Pierre-Joseph Proudhon, *Solution of the Social Problem*, aqui citado segundo Cole, *Socialist Thought*, p. 217.

teceu com Marx, como órgão reflexivo do estágio mais avançado da luta de classes – se por ela se entender uma sequência de conflitos, que se sucedem de forma inevitável, entre coletivos com interesses aparentemente inconciliáveis. Em vez disso, o socialismo tem de ser considerado articulação especificamente moderna do fato de, no processo histórico, haver grupos sempre novos que mudam de acordo com as circunstâncias sociais e empenham esforços para que suas reivindicações, até aquele momento não atendidas, sejam ouvidas em público, procurando derribar barreiras à comunicação e, de modo correspondente, buscar ampliar o espaço de manobra da liberdade social. Uma vez que tal "luta" por certo permeie toda história humana, perdurando até hoje, os coletivos em constante mudança precisaram experimentar, nas seguintes ampliações do trânsito social e no aumento das redes políticas, o fato de não verem seus interesses contemplados sob a forma de organização social nas "relações de produção". A única possibilidade de que esses grupos dispuseram para conquistar o reconhecimento público de suas reivindicações consistiu em, sob a invocação de normas já implicitamente aceitas, forçar o direito de codecisão na fixação de regras sociais e, com isso, provocar a eliminação de uma delimitação mais ampla da comunicação social. Se o socialismo se olhar retrospectivamente, pondo-se no lugar de um processo de luta por reconhecimento, teria de compreender o seu próprio surgimento como o instante em que, no seio da ordem social moderna, normativamente creditada pela Revolução Francesa, houve uma consciência de que os interesses legítimos da população trabalhadora só poderiam encontrar satisfação mediante o rompimento das barreiras de comunicação na esfera econômica. No momento de nascimento do movimento, a organização privada capitalista do mercado comprovou-se a instituição que se empenhou para que todas as camadas da população se beneficiassem em igual medida da superação das dependências existentes até então e das pouco transparentes heteronomias. No entanto, se o socialismo estivesse ligado a esse movimento, por certo ele poderia ter-se fixado nele, caso quisesse entender efetivamente como a instância reflexiva que, na recém-surgida ordem social moderna, pudesse trazer à consciência aquela força da comunicação social que permeia a história da humanidade. Uma vez que, sob as condições da modernidade, os grupos de composição sempre mutável foram sempre confrontados com barreiras novas que os impediram de se beneficiar das promessas institucionalizadas de liberdade, igualdade e fraternidade, o socialismo deveria muito mais ter acompanhado os conflitos resultantes, para com isso a todo tempo se oferecer aos afetados como defensor de seus interesses legítimos de inclusão na comunicação social. A reivindicação ao "social" para o socialismo surge, e seu nome já o revela, pela representação nas sociedades modernas do anseio geral para que todos os impedimentos sociais sejam eliminados, podendo-se com isso abrir caminho para uma prática da liberdade numa ação recíproca de caráter solidário. Enquanto não é alcançado esse fim normativo, que vem a ser mais a mera exigência de um dever, uma vez que expressa o princípio estrutural determinante de todo o âmbito social[19], o socialismo assim entendido não há de perder sua razão de ser. Ele

19 A esse respeito, conferir a célebre formulação de Dewey, que aqui não obstante se faz adaptada à ideia de democracia: "Considerada como ideia, a democracia não é uma alternativa a outros princípios de vida associados. Ela é um ideal no único sentido compreendido de um ideal, qual seja, o de tendência e movimento de uma coisa existente levados a seus limites mais extremos e considerados algo completo e perfeito" (John Dewey, *Die Öffentlichkeit und ihre Problem*, Bodenheim, 1996, p. 129).

é o guardião das reivindicações sociais numa sociedade em que sempre só se permite uma interpretação unilateral dos princípios de legitimação fundamentais, sob cujo manto protetor da liberdade individual impõem-se apenas interesses privados, com isso se violando a promessa normativa de solidariedade.

Antes de procurar extrair as consequências dessa compreensão ampla de socialismo para a sua ideia original de liberdade social no capítulo seguinte, quero ainda uma vez retomar o fio de minha argumentação no ponto em que o deixara, isto é, na inserção do valor histórico do social. Vimos que, para o socialismo, após o desaparecimento de sua fé original nas leis, tornou-se inviável visualizar de antemão de que modo seria possível realizar as liberdades sociais melhor e mais facilmente no seio da esfera econômica. Tal busca seria deixada a um processo experimental de exploração social de ideias completamente diferentes, que teriam a capacidade de mostrar como a criação de valor econômico já não está organizada sob a forma de um mercado constituído como privado-capitalista, mas com o auxílio de mecanismos institucionais de ação cooperativa recíproca. Nesse processo de busca nada exclui categoricamente que, na sequência dos conhecimentos adquiridos nesse meio tempo, fosse possível se revelar aconselhável, a depender do tipo de satisfação de necessidades econômicas e tendo-se diante dos olhos diferentes modelos de ação na economia popular, contar com a possibilidade de sistemas econômicos mistos nos procedimentos de ensaio. O que se deve manter como crucial nesse ensaio experimental de diferentes combinações é a ideia do social no bojo da esfera econômica, e num sentido tão forte quanto possível, de modo a que todos os participantes possam reciprocamente, em atividades complementares, satisfazer a suas necessidades sem barreiras de influência ou de coerção.

Entretanto, para um socialismo desse tipo, tem de estar claro que, para experiências dessa natureza, só se pode esperar algo à medida que seja possível demonstrar de forma convincente que, em seus traços fundamentais, o sistema econômico capitalista é passível de ser modificado e, no limite, suprimido. Por isso, o inimigo natural do socialismo – que não era outro nos tempos de Marx – continua a ser a teoria econômica oficial, disseminada nos meios acadêmicos, e que há duzentos anos se esforça para justificar o mercado capitalista como o único meio eficiente de uma coordenação da ação econômica sob condições de crescimento populacional e do correspondente aumento das demandas. Uma das tarefas mais urgentes do socialismo consiste hoje em purificar o conceito do mercado de todas as impurezas que, tendo-lhe sido acrescentadas mais tarde, remetem a propriedades específicas do capitalismo, a fim de poder provar a sua resiliência moral[20]. Tal empreendimento audacioso, já iniciado por autores como Karl Polanyi, Amitai Etzioni e Albert Hirschman[21], deve começar pela distinção de diferentes mercados com o auxí-

20 As premissas dessa duradoura tarefa do socialismo são as mesmas de que se valeu Marx, e consistem em pensar a economia capitalista como mediada ou coproduzida pelas conceitualidades teóricas da ciência dominante, de modo que só mesmo por meio da crítica a essa economia seja possível proceder a um questionamento da realidade (a esse respeito, ver sobretudo: Michael Theunissen, "Möglichkeiten des Philosophierens heute", in *Negative Theologie der Zeit*, Frankfurt, 1991, p. 13-36, sobretudo p. 21 e ss.). Diferentemente de Marx, acredito que, com essa necessária crítica à teoria econômica hegemônica, não apenas o próprio conceito de "mercado", mas sua fusão interna com as peculiaridades capitalistas, deva ser posta como objeto.

21 Karl Polanyi, *The Great Transformation. Politische und ökonomische Ursprünge von Gesellschaften und Wirtschaftssystemen*, Frankfurt, 1973; Amitai Etzioni, *The Moral Dimension. Towards a New Economy*, Nova York, 1988; Albert O. Hirschmann, *Entwicklungen, Markt, Moral. Abweichende Bemerkungen*, Müngen / Viena 1989. Sobre o significado de Etzioni e Hirschmann nesse contexto, ver Axel Honneth, *Vivisektionen eines Zeitalters. Porträts zur Ideengeschichte des 20. Jahrhunderts*, Berlim, 2014, cap. 7 e 8.

lio dos bens intercambiados em sua arena, seu intuito sendo o de verificar se tais bens são na mesma medida apropriados para uma fixação de preços anônima através da oferta e da procura, uma vez que isso diz respeito a necessidades vitais de natureza altamente desigual. Mas uma desconstrução da ideologia de mercado dominante não deve estancar nesse primeiro passo, pois, de modo semelhante, como a pura e simples posse dos meios de produção não deve justificar um direito a rendimentos de capital, também o seu crescimento exponencial não deve encontrar suficiente justificação nos esforços correspondentes. É então possível retomar os trabalhos de Friedrich Kambartel, que já há anos tem empenhado esforços conceituais para comprovar a inconciliabilidade dos fundamentos de legitimação do mercado com a existência de rendas sobre capital e ganhos condicionados pela especulação[22]. Estudos filosóficos desse gênero, com o arsenal conceitual da teoria econômica oficial, ensinam-nos quão pouco precisa é a forma como tal teoria se vale das categorias de eficácia econômica para a sempre decisiva justificação dos mercados capitalistas. Ao fazê-lo opera sub-reptícia equiparação dos modos discursivos puramente quantitativos do ganho de capital mais lucrativo possível com uma compreensão qualitativa de produtividade, na qual se deve ter em vista um aumento do bem-estar da sociedade como um todo[23]. Todas essas desconstruções da teoria econômica dominante têm em comum o fato de procurarem destruir a impressão, profundamente ancorada, de que os mercados estão em seu funcionamento em função de si pró-

22 Friedrich Kambartel, *Philosophie und Politische Ökonomie*, Göttingen, 1998, em toda a sua extensão, mas sobretudo p. 11-40.

23 Ibidem, p. 25.

prios, que dependem da posse privada e passível de ser herdada dos meios de produção, por essa razão só podendo existir de forma promissora sob o formato capitalista. Se se levar mais longe tal desencantamento, uma série de outras propriedades do mercado poderiam comprovar-se acréscimos puramente artificiais, realizados pela parte interessada, para o legitimar de sua forma atual – por exemplo, por que o mercado de trabalho deveria ser entendido evidentemente como um sistema de incentivos, se psicologicamente não se tem nenhuma clareza acerca da perspectiva de um aumento de rendimento efetivamente motivado por melhores desempenhos[24], ou então por que motivo ganhos com especulação no mercado financeiro devem ser permitidos nas operações cambiais, se com eles manifestamente não se tem nenhum proveito para a economia real e, com isso, para o bem comum?

Fazer tais perguntas constitui obrigação indispensável para um socialismo que, com base nas alterações em sua autocompreensão, já não pode ter certeza de qual a melhor forma de realizar seu desejo normativo de criação da liberdade social na esfera econômica. A instituição do mercado deve ser decomposta em seus elementos, que em si não constituem uma unidade inseparável e inquebrantável, e com tal radicalidade deve ser posto à prova que será possível analisar em que medida ela se mostra apropriada às formas cooperativas de coordenação da ação econômica em situações de necessidade mais complexa. Essa verificação não deve excluir nenhum aspecto, por uma alegada razão de evidência, ao modo de uma proibição de pensamento, de modo que será possível pôr em questão o direito de herança ou a pos-

24 Ver John Roemer, "Ideologie, sozialer Ethos und die Finanzkrise", in Herzog / Honneth (org.), *Der Wert des Marktes*, p. 609-622.

sibilidade de uma comunidade de responsabilidade dos produtores[25]. No entanto, tais experimentos de pensamento só podem servir a uma revisão do socialismo à medida que for realmente possível compreendê-los como testes cuja finalidade seja a exploração de possibilidade de uma expansão da liberdade social na esfera econômica. Mesmo que se tenha de abandonar os fundamentos de princípio de toda certeza acerca do estado final de uma forma econômica socialista, tal renúncia não chega a desfocar inteiramente os contornos de um objetivo que se tenha em vista, de um *end in view*, como disse John Dewey[26]. Por isso, devem ser consideradas valorosas e úteis nos jogos experimentais dos modelos institucionais todas as propostas que de algum modo se façam comprometidas à finalidade normativa de a tal ponto emancipar os agentes econômicos de uma coerção, tutela e dependência, que eles se encontrem em condições de apreender seus respectivos papéis como contribuições voluntárias para a tarefa que se tem à frente, qual seja, a da satisfação uniforme das necessidades de todos os membros da sociedade. Como já há

25 Sobre o problema do direito de herança: Jens Beckert, *Unverdientes Vermögen. Zur Soziologie des Erbrechts*, Frankfurt, Nova York, 2004; "Erbschaft und Leistungsprinzip", in *Erben in der Leistungsgesellschaft*, Frankfurt, Nova York, 2013, p. 41-64; sobre a ideia de uma comunidade de responsabilidade dos produtores: Kambartel, *Philosophie um Politische Ökonomie*, p. 32 e ss.

26 Com a ideia de um "*end in view*", Dewey desejava expressar que os fins não deveriam ser entendidos como objetivos fixos, mas como grandezas permanentemente ajustadas às experiências feitas nos entrementes: o fim seria então um fim intencionado (*end in view*, A. H.), acionado em cada um dos graus do movimento à frente, e de forma cada vez mais complexa. Já não se trata de um ponto final, que se põe externamente às condições que a ele conduziram: trata-se do sentido contínuo, a se desenvolver, das tendências atuais – precisamente o que chamamos de "meio" quando se aponta numa direção. O processo é arte, e seu produto, independentemente do nível em que é considerado, é uma obra de arte" (Dewey, *Erfahrung und Natur*, no lugar indicado, p. 351). Se o socialismo tivesse se apropriado antes desse entendimento modificado de fins e meios, ele teria sido poupado do desastre resultante, que se tem no discurso sobre "fins".

cem anos, quando houve uma questão veementemente discutida acerca do desejo e da factibilidade de uma "estatização" ou "socialização" da propriedade privada dos meios de produção[27], na realização desse objetivo imediato se tem a questão de saber se uma emancipação paulatina dos trabalhadores até agora dependentes só seria alcançável em ligação com uma expropriação jurídica da propriedade privada de capital, ou se o seria com a manutenção das formas de propriedade existentes, portanto mediante uma deliberada marginalização do poder de disposição privado. Para ambas as alternativas – representação socialista de mercado, de um lado, ideia de uma "socialização" do mercado por meio de uma renda mínima garantida e de instâncias de controle democrático, de outro –, passou a haver uma série de modelos de pensamento experimentalmente verificados[28]. Decidir entre eles, como já foi dito, de modo algum pode ser questão de considerações teóricas. Muito mais necessária se faz a contínua e árdua conquista de espaços livres e nichos sociais, nos quais seja permitido testar, sob reais condições, e levando-se em conta o princípio da preservação das práticas já comprovadas do princí-

27 Uma visão geral bastante clara sobre as frentes no debate da época pode ser encontrada em: Karl Polanyi, "Die funktionelle Theorie der Gesellschaft und das Problem der sozialistischen Rechnungslegung (Eine Erwiderung ans Professor Mises und Dr. Felix Weil)", in *Ökonomie und Gesellschaft*, Frankfurt, 1979, p. 81-90 (devo a indicação do artigo a Cristoph Deutschmann).

28 Sobre essas alternativas, em relação ao primeiro lado, ver: Michel Nance, "*Honneth´s Democratic Sittlichkeit and Market Socialism*", ainda não publicado (2014); John Roemer, *A future for Socialism*, Cambridge / Mass. 1994; e, em relação ao segundo, o "por outro lado", Diane Elson, "Markt-Sozialismus oder Sozialisierung des Marktes", in *Prockla*, 20 (1990), 78, p. 60-106. A diferença entre os dois tipos de sistema pós-capitalista, e eu as indico com essas duas alternativas, de certo modo coincide com as que foram feitas por John Rawls entre "*Demokratien mit Eigentumsbesitz*" ("*property-owning democracy*") e "*liberalem Sozialismus*" (Rawls, *Gerechtigkeit als Fairneß*, op. cit, p. 215-218). Uma visão geral é oferecida por Jon Elster e Karl Ove Moene (org.): *Alternatives to Capitalism*, Cambridge, 1989.

pio da *minimum mutilation*[29], quais dos modelos alternativos mais nos aproximam do objetivo próximo que se tem em vista.

Segundo a lógica do experimentalismo histórico, as novas articulações e os novos projetos inicialmente pensados têm tanto mais peso para a orientação prático-política quanto mais vezes puderem ser submetidos a um teste sob condições econômicas reais. Por isso, o socialismo revisado deve dispor de um arquivo interno com todas as tentativas já empreendidas no passado de uma socialização da esfera econômica, para com isso obter uma espécie de "apoio de memória" para experiências que já foram feitas antes com a mensuração de suas vantagens e desvantagens[30]. O espectro dos testemunhos históricos que deveriam ser conservados nesse arquivo vai de documentos sobre experimentos já feitos, passando por cooperativas de produção e de consumo, indo até um registro, o mais completo possível, incluindo desde os "debates sobre a socialização" após a Primeira Guerra Mundial às tentativas, em Viena e em outras cidades, de construção socialista de moradias, até relatos sobre esforços de sindicalistas visando à "humanização do trabalho" – quanto mais documentos históricos forem reunidos num tal arquivo, mais abrangente será o fundo de conhecimento acerca dos empreen-

29 Sobre esse princípio, ver o estudo, valoroso em toda a sua extensão, de Michael Festl, *Gerechtigkeit als historischer Experimentalismus. Gerechtigkeitstheorie nach der pragmatischen Wende der Erkenntnistheorie*, Konstanz, 2015, p. 407-409. Esse princípio oferece indicações importantes para a questão, extremamente difícil, que me foi posta, em debate, por Andrea Esser, acerca de como os experimentos socialistas do passado podem ser falseados em face das condições contextuais de hoje, que se encontram em mutação histórica: devem ser considerados fracassados os experimentos cuja consequência foi a violação de práticas comprovadas de formação da vontade em acordo com as regras do Estado de direito.

30 Sobre essa tarefa de uma "enciclopédia de casos passados", em conexão com um experimentalismo histórico, mais uma vez o estudo de Michael Festl: *ibidem*, p. 402-423.

dimentos que no passado já se mostraram irrealizáveis e dos que, para o futuro, poderiam revelar-se vias promissoras de transformação social do mercado[31]. Mas, uma vez que isso não basta, por certo que um socialismo a ser assim revisado, um socialismo que se deve entender pela via experimental, está continuamente obrigado a manter uma visão geral dos ensaios em realização, visando à manutenção de formas econômicas alternativas. Sim, e talvez até fosse adequado dizer que esse socialismo teria de, por toda a parte, fazer-se defensor moral dos referidos empreendimentos prático-políticos sempre que existir de fato a justificada perspectiva de, com seu auxílio, pôr à prova a possibilidade de ampliar a liberdade social no seio do setor econômico. Existem mais práticas econômicas na realidade social do que à primeira vista se pode revelar, e atualmente elas já podem satisfazer às condições que têm e ser aplicadas a tais experimentos sob condições reais. Conforme mostrou de forma convincente Erik Olin Wright, em seu livro *Envisioning Real Utopias*[32], hoje é possível descobrir uma série de iniciativas econômico-políticas por parte de cooperativas, da cidade basca de Mondragón até o fundo de solidariedade ao trabalhador canadense, iniciativas que estão comprometidas com o socialismo entendido como experimental.

Segundo todas essas reflexões evidenciam, já de há muito tempo é equivocado enxergar o socialismo apenas como a ex-

31 A gravidade da situação que envolve o projeto de socialismo hoje revela-se já na quase inexistência de algum desses documentos de forma bem editada. As conjunturas do movimento podem ser muitíssimo bem observadas pelo sortimento de obras existentes no mercado livreiro: há quarenta ou cinquenta anos havia ainda um sólido conjunto de textos sobre "socialismo e anarquismo" pela Rowohlt-Verlag, e o conjunto continha importantes testemunhos do passado. Desde então, porém, tais títulos de há muito sumiram das listas das publicações que podem ser obtidas.

32 Wright, *Envisioning Real Utopias*, em especial o cap. 7.

pressão intelectual dos interesses dos trabalhadores industriais, ou mesmo do porta-voz de um proletariado sempre revolucionário. Nos primórdios do movimento, essa ideia de uma vinculação fixa da teoria a um grupo único resultou de uma atribuição inconvincente de interesses objetivos, e desde então foi reconhecidamente rechaçada tanto pelas mudanças estruturais das relações de trabalho como também pela dissolução do movimento trabalhista. Por essa razão, esforçar-se numa lamentação nostálgica e num desespero por uma revivescência artificial já seria equivocado, pois mesmo a inexorável questão acerca do suporte social de um socialismo revisado tem de ser respondida de forma profundamente diferente, isto é, num plano superior de abstração. Se esse socialismo for entendido num processo histórico abrangente de libertação das dependências e barreiras que obstruem a comunicação, esse processo, que o socialismo continua a levar adiante sob as condições avançadas da sociedade moderna, não deve tomar como encarnação de sua ideia mais fundamental apenas aquele movimento social no qual o anseio por emancipação, no respectivo momento histórico, articula-se da maneira mais forte e mais coordenada. A fixação em movimentos desse tipo, portanto em organizações de grupos específicos, postas para perdurar num tempo determinado, não traz apenas a desvantagem de poder representar um segmento cada vez menor do vasto fluxo de experiências justificadas que podem ser tidas como de controle heterônomo e exclusão social; a ideia da "representação" de interesses já articulados, com os quais o socialismo se compromete quando se compreende como órgão de um movimento social, contradiz sua intenção de se tornar porta-voz dos interesses ainda não articulados de um sem-número de outros[33]. A ambivalência da ideia mesma de se dever procurar um suporte coletivo da própria teoria fica tanto mais óbvia quanto mais se torna claro que os movimentos sociais, de um modo pouco transparente, devem a sua existência a conjunturas condicionadas por circunstâncias contingentes. A depender do transcurso histórico, tais movimento vêm e vão, e isso mesmo em consequência de atenções midiáticas, sem que com isso se revele algo da verdadeira dimensão da existência de controle heterônomo e da humilhante dependência na esfera econômica – o novo proletariado prestador de serviços, por exemplo, em razão de sua situação de trabalho isolada de seus pares e de sua exclusão de toda formação de opinião pública, não está em posição de poder articular seus próprios interesses. Consequentemente, já não encontra advogados em nenhum movimento social, devendo ser considerado pelo socialismo como um importante destinatário de seu estabelecimento de finalidades normativas[34].

Tudo isso faz parecer aconselhável arrolar de maneira bem diferente a inexorável questão de um suporte social dos ideais socialistas, de sua encarnação social já na situação atual. Depois que Hegel identificou personalidades da história mundial a representantes da tomada de consciência do novo já no velho, e depois de o socialismo de Marx ter feito o mesmo em relação ao proletariado, o socialismo contemporâneo não deve proceder da mesma forma, indo buscá-lo nos planos concretos das subjetivi-

33 Ver novamente Festl, *Gerechtigkeit als historischer Experimentalismus*, p. 387 e ss.

34 Sobre a condição do proletariado de prestação de serviço hoje, ver dois estudos marcantes: Friederike Bahl, *Lebensmodelle in der Dienstleistungsgesellschaft*, Hamburg, 2014, e Philipp Staab, *Macht und Herrschaft in der Servicewelt*, Hamburg, 2014.

dades individuais ou coletivas, pois isso emprestaria peso excessivo ao que é fugidio e contingente em meio às mudanças que se consumam com cada vez maior rapidez. Em vez disso, é muito mais aconselhável localizar a real emergência do futuro em que os vestígios de um progresso esperado na ampliação das liberdades sociais já se manifestaram em conquistas institucionais, em alterações na legislação e em mudanças de mentalidade de difícil reversão. O socialismo de hoje deve considerar como garantias de exequibilidade mais esses avanços aprovados publicamente da emancipação de dependências até então aceitas, portanto todos os acontecimentos históricos que Kant desejou interpretar como "sinais da história"[35], do que o sem-número de movimentos sociais. Portanto, não as subjetividades insurgentes, e sim as melhorias tornadas objetivas, não os movimentos coletivos, e sim as conquistas institucionais devem falar como suportes sociais das reivindicações normativas que o socialismo intenta registrar no seio das sociedades modernas. Nos avanços que com isso se fizeram realidade social, ele deve desvelar os contornos de um processo evolutivo que comprove que mesmo suas próprias visões se mantêm factíveis no futuro.

Para a esfera da economia, sobre a qual concentrei minhas explanações até o momento, essa mudança de perspectiva significa encarar a legislação social do início do século XX, as condições de participação dos trabalhadores na Alemanha Ocidental e as disposições relativas ao salário mínimo em diferentes países não apenas e simplesmente como incidências contingentes, mas

35 Sobre a importância desse conceito kantiano, ver Axel Honneth, "Die Unhintergehbarkeit des Fortschritts. Kant Bestimmung des Verhältnisses von Moral und Geschichte", in *Pathologien der Vernunft. Geschichte und Gegenwart der Kritischen Theorie*, Frankfurt, 2007, p. 9-27.

os primeiros passos de uma evolução arduamente conquistada no âmbito da socialização do mercado de trabalho. E, se esses avanços institucionais se prolongam no curso de uma linha traçada de maneira fictícia, para os socialistas se dá a reconhecer quais outras medidas seriam necessárias no futuro imediato para que se tenha uma aproximação em relação ao objetivo de uma realização da liberdade social na esfera econômica. No entanto, jamais se deve supor que tal estado final, assim como os passos que a ele conduzem, possa ser fixado a partir de hoje, como num projeto que se planeja de uma vez por todas. Sob a estrita dependência dos resultados dos experimentos concretos, que sempre podem tornar a ser executados, objetivo e meios corrigem-se recíproca e ininterruptamente, de modo que de antemão não se pode chegar a nenhum saber seguro, e tampouco se pode excluir prévia e categoricamente que a forma econômica, esta que o socialismo antecipa no conceito de liberdade social, venha ao final dar em relações que convenientemente possam ser referidas apenas como "socialistas de mercado".

Seja como for, quase tudo muda para o socialismo caso os coletivos sociais deixem de ser entendidos como encarnações de suas reinvindicações na esfera da sociedade. Já não devem ser entendidos como destinatários do conhecimento obtido por sua atitude experimental os membros de um determinado grupo, mas todas as cidadãs e cidadãos, à medida que estiverem convencidos de que, em esferas essenciais de sua vida, sua liberdade individual só se pode realizar na atuação conjunta e solidária com todos os demais. Como garantia da exequibilidade do socialismo, deve-se ter não mais a existência de um movimento social, com o respectivo estabelecimento de objetivos, mas sim sua força e capacidade normativas de realizar reformas institucionais que, sob as circunstâncias já existentes, vão bem na direção visada pelo movimento. Quanto mais reformas legais ou mudanças de mentalidade, ao modo de fragmentos de suas próprias intenções, um tal socialismo for capaz de retrospectivamente registrar, tanto mais ele se poderá fazer convencido da eficácia de suas visões também no futuro.

Contudo, o quadro que comecei a traçar de um socialismo radicalmente modificado traz também uma fissura que permite reconhecer outra discrepância entre suas novas intenções e a concepção original. Essa discrepância é fácil de reconhecer se, tal como antes, tivermos claramente diante dos olhos que o antigo socialismo visava como destinatários apenas os trabalhadores, já que no futuro não haveria nem mesmo cidadãs e cidadãos. No novo sistema social, toda a liberdade se realizaria apenas sob a forma de cooperação econômica, de modo que tampouco se faria necessária outra esfera em que os membros da sociedade viessem a agir não como produtores, mas como "cidadãos". Se acabo de afirmar que o socialismo se deveria dirigir a todas as cidadãs e cidadãos, de modo algum isto é facilmente conciliável com suas premissas originais: com isso eu me refiro positivamente à formação da vontade democrática, que, de acordo com a ideia do socialismo clássico, no futuro já nem sequer deveria existir. Essa embaraçosa tensão só pode ser eliminada se a ideia de liberdade social posteriormente vier a ser desprendida da vinculação exclusiva à esfera econômica. Com isso chego ao segundo passo de minha tentativa de libertar o socialismo de seus antigos construtos de pensamento, emprestando-lhe assim uma nova eficácia.

IV
CAMINHOS DA RENOVAÇÃO (2): A IDEIA DE UMA FORMA DE VIDA DEMOCRÁTICA

Continua a ser um enigma teórico a razão pela qual os socialistas primevos não empenharam quaisquer esforços para transferir seu conceito recém-obtido de liberdade social também a outras esferas sociais. No segundo capítulo, procurei explicar essa estranha omissão recorrendo ao fato de que, para todos os autores do movimento que então nascia, a causa do que definimos como "egoísmo privado" residia exclusivamente nas coerções das relações da sociedade de mercado capitalista, e, por isso, acreditavam, todos os esforços políticos tinham de ser orientados exclusivamente para a sua superação. Incapazes de intuir o valor emancipatório dos direitos civis e humanos advindos da Revolução Francesa, pouco ou nada anteviam da permissão para a formação de um reino privado, razão pela qual pensavam poder renunciar inteiramente a uma sociedade futura, de cunho socialista. Desde então o socialismo adoeceu da incapacidade de encontrar, a partir de si mesmo, valendo-se de seus próprios meios conceituais, um acesso produtivo para a ideia de democracia política. Por certo que tornaram a ser elaborados novos planos para instaurar uma democracia econômica, assim como para os conselhos de trabalhadores e para instituições semelhantes da autoadministração coletiva, mas esses planos faziam referência unicamente à esfera econômica, pois se supunha que, no futuro, já não haveria necessidade de uma formação ético-política da vontade do povo, razão pela qual não se faria necessária uma autolegislação democrática. Quanto a esse ponto falho do socialismo original, que é uma espécie de fundamentalismo econômico, nem mesmo o acréscimo tardio e um tanto apressado do adjetivo "democrático" poderia realmente mudar alguma coisa, uma vez que de modo algum se fez claro quais relações deveriam ser entabuladas pela cooperação econômica e pela formação democrática da vontade. Permitiu-se que o conceito de democracia fosse dado pela tendência liberal, deixando-se temporariamente tudo como estava antes, de modo que tinha mesmo de se instaurar um quadro híbrido que carece de toda e qualquer unidade de pensamento[1]. Quando se começou a pressentir o déficit democrático do próprio movimento, preferível teria sido que se voltasse a procurar nos escritos da geração fundadora as passagens em que, possivelmente, teria surgido o equívoco fatal. Nesse caso, logo se teria descoberto que o equívoco estava relacionado à incapacidade de adaptar a ideia nova e pioneira de liberdade social à realidade, surgida nesse meio tempo, de uma sociedade que se diferenciava de maneira funcional, e de aplicar essa ideia adequadamente a esferas sociais que pouco a pouco se tornavam autônomas.

Voltemo-nos mais uma vez ao momento do nascimento teórico da ideia de liberdade social, a fim de corrigir o referido erro *a posteriori*. O conceito foi cunhado pelos socialistas primevos e

1 No sentido inverso, isso significa que, quando não ocorreu uma viragem para o "socialismo democrático", manteve-se uma contraposição conceitual bastante confusa entre "democracia" e "socialismo / comunismo". Exemplo disso se tem em Arthur Rosenberg, *Demokratie und Sozialismus. Zur politischen Geschichte der letzten 150 Jahre*, Frankfurt, 1962.

pelo jovem Marx com a intenção de eliminar a flagrante contradição que viam instaurada no processo de realização dos princípios de legitimação da nova ordem social do capitalismo liberal: o que se tinha era que, no bojo das transações econômicas mediadas pelo mercado, estabelecera-se um individualismo de liberdade desenfreada, que condenava as camadas menos favorecidas à miséria, ao passo que, além da "liberdade", deveria prevalecer, entre todos os membros da sociedade, também a "fraternidade" e a "igualdade". A ideia de liberdade social deveria permitir que se saísse dessa situação contraditória, à medida que ela parecia oferecer um mecanismo ou esquema de ação segundo o qual a realização da liberdade de um deveria estar imediatamente atrelada à realização da liberdade do outro. Se, no caso de terem sido adotadas as devidas disposições institucionais, os objetivos das ações individuais dos membros da sociedade estivessem interligados a ponto de permitir a efetivação de um consentimento e de uma simpatia recíprocos, a fraternidade se tornaria a forma plena da liberdade, e, com isso, ambas viriam a coincidir numa comunidade. Desse quadro, todos os socialistas primevos, desde Louis Blanc, passando por Proudhon, até Marx, extraíram a consequência de que a contradição encontrada e a desigualdade resultante só poderiam ser superadas se a sociedade fosse organizada de acordo com o padrão de tal comunidade, isto é, de indivíduos que, de forma não coercitiva, complementam-se em seus modos de ação. Nesse caso, a contraposição entre liberdade e fraternidade já não teria lugar, como tampouco a de pobres e ricos, pois todo e qualquer membro da sociedade teria de ver no outro o parceiro de interação e, para com ele, até em razão da própria liberdade, alimentaria em certa medida uma simpatia solidária.

Mas precisamente nessa passagem inicia-se o que acima designei como formação teórica dos socialistas primevos: o modelo promissor da liberdade social, que se tinha revelado como chave possível para se poder pensar liberdade e solidariedade individual como aparentadas e como princípios que não mais se contradizem, desenvolve-se exclusivamente com referência à esfera da ação comunicativa, sem nem mesmo se ponderar se o referido modelo não deveria ser aplicado também a outras esferas de ação da sociedade que então surgia. Se deixarmos de lado que um motivo essencial para tal oportunidade desperdiçada esteve bem fundado na convicção de que todo o mal do individualismo desenfreado deriva unicamente do isolamento jurídico dos indivíduos na nova forma econômica do mercado, teríamos mais uma vez diante de nós, como segundo motivo, e de igual peso, a vinculação geral do industrialismo. Tomados como um todo, os pais fundadores do socialismo não estiveram em condições nem minimamente se dispuseram a levar em conta o processo de diferenciação funcional das esferas da sociedade que se lhes descortinava de maneira visível, convencidos que estavam de que também no futuro a integração de todos os âmbitos da sociedade seria determinada unicamente pelas exigências de produção industrial. Com isso, seus precursores liberais e seus opositores intelectuais tinham começado a se ocupar, havia já muito, com as consequências político-sociais que pelo menos desde o século XVIII resultavam da distinção de diferentes esferas sociais no pensar e no agir, e estas cada vez mais eram então tratadas segundo suas próprias leis funcionais[2]. No libera-

2 A esse respeito, ver a elucidativa visão geral de Niklas Luhmann, *Die Gesellschaft der Gesellschaft*, Frankfurt, 1997, cap. 4.VII (p. 707-743). Um esboço bastante bom do pro-

lismo desde Hobbes, porém mais nitidamente com Locke e Hume, já se refletia sobre a necessidade de se distinguir entre ambos os subsistemas de "sociedade" e de "Estado", cada qual precisando obedecer às suas próprias leis, de caráter mais privado e pessoal, num caso, de caráter mais neutro e público, em outro. Paralelamente a essa primeira distinção e em certa tensão com ela, começou a se distinguir entre a esfera puramente privada e a esfera do público-comum, para com isso dar conta da tendência, em paulatina cristalização, de se constituírem relações de matrimônio e amizade fundadas em inclinações puramente emocionais; e, por fim, a disciplina da economia política, ainda em sua infância, começava a dar os primeiro passos, avançando energicamente na direção de uma separação entre economia e ação do Estado. Essa separação também viria a ter o objetivo de libertar as transações mediadas pelo mercado de interferências políticas[3]. Tendo já reagido a todas essas diferenciações liberais, além de submetê-las a uma sistematização elaborada, em sua filosofia do direito Hegel chegou a apresentar uma proposta de como as diferentes esferas de ação poderiam diferenciar-se tendo em vista suas funções específicas. Segundo essa proposta, o direito, enquanto meio abrangente, deveria assumir a função de uma garantia de autonomia privada a todos os membros da sociedade, a família deveria cuidar da socialização e a satisfação das necessidades naturais, a sociedade de mercado deveria garantir o abastecimento a contento dos meios de

blema nos é proporcionado por Hartmann Tyrell, "Anfragen an die Theorie der gesellschaftlichen Differenzierung", in *Zeitschrift für Soziologie*, 7/2 (1978), p. 175-193.

3 Sobre todas essas propostas de diferenciação no liberalismo primevo, ver: Stephen Holmes, "Differenzierung und Arbeitsteilung im Denken des Lieberalismus", in Niklas Luhmann (org.), *Soziale Differenzierung*, Opladen, 1985, p. 9-41.

subsistência, e o Estado, por fim, a integração ético-política do todo[4]. Ainda que no socialismo primevo devesse prevalecer a concepção de que tais separações e delimitações seriam excessivas, uma vez que negavam o puro e simples primado da economia, teria sido necessário no mínimo o confronto com o desafio teórico representado pela hipótese de uma diferenciação funcional. Em vez disso, porém, os socialistas se limitaram a dar mostras de incompreensão ante as ponderações liberais e pós-liberais, ou deixá-las de lado, como de somenos importância, a exemplo do caso de Marx em sua célebre crítica ao Estado de direito de Hegel[5].

Observando mais atentamente, a falha dos socialistas primevos consiste em não terem chegado a diferenciar suficientemente um plano empírico e um normativo nos diagnósticos previamente encontrados de um aumento da diferenciação funcional. Se o tivessem feito, olhando para o quadro de relações que então se apresentava, com razão poderiam argumentar que, com a autonomia sistêmica da ação do Estado ou das relações privadas, não se teria ido tão longe quanto se imaginava, pois os acontecimentos em ambas as esferas continuavam a ser determinados por imperativos econômicos. Contudo, se olhassem para o futuro, poderiam ressaltar o caráter desejável de tamanha obstinação funcional das diferentes esferas[6]. Mas, uma vez que ambos os planos não se delimitavam entre si, sem perceber resvalava-se de descrições empíricas em afirmações normativas. Pensava-se – cla-

4 G. W. F. Hegel, *Grundlinien der Philosophie des Rechts* [1820/21], Frankfurt, 2004.

5 Karl Marx, "Zur Kritik der Hegelschen Rechtsphilosophie. Kritik des Hegelschen Staatsrechts (§§ 261-313)", in Marx / Engels, *Werke* (MEW), vol. I, op. cit, p. 201-336.

6 Para uma perspectiva desse tipo em relação à abordagem de Niklas Luhmann, ver Uwe Schimank / Ute Volkmann, "Ökonomiesierung der Gesellschaft", in Andrea Maurer (org.), *Handbuch der Wirtschaftssoziologie*, Wiesbaden, 2008, p. 382-393.

ramente já com Saint-Simon, de forma não menos manifesta com Marx – que, assim como nas teorias da sociedade pré-modernas, o funcionamento haveria sempre de se dar verticalmente, a partir de um centro condutor, apenas seu lugar agora já não deveria ser ocupado pelo Estado, mas sim pela economia.

Bem mais inteligente e perspicaz seria, pelo contrário, do ponto de vista da teoria social, criticar o fato de as relações capitalistas da época não deixarem espaço de manobra para a autonomia social, como os representantes do liberalismo tinham pensado. De uma perspectiva desse tipo, ter-se-ia a tendência de considerar a diferenciação funcional de modo favorável, e com isso defender a tese de que, por exemplo, o amor e a política democrática mereceriam ser alijados dos imperativos sistêmicos da economia, mas se manteria um olhar altamente cético à possibilidade de que se poderia chegar de fato a tal separação de esferas sob as dadas condições sociais. Porém, como consequência da incapacidade de encetar o caminho assim esboçado – diferenciação funcional como tarefa, mas não como fato social –, em relação à tradição liberal o socialismo incidiu numa situação embaraçosa já desde o início: ainda que a referida tradição possivelmente jamais tenha disposto de sua própria teoria social – à exceção, talvez, de Adam Smith e Max Weber –, com o passar do tempo deu-se a impressão de que ela seria até superior a seus adversários socialistas mesmo no tocante ao potencial de explicação sociológica, e isso apenas por não ter prestado nenhuma atenção à circunstância da diferenciação funcional.

É essa incapacidade profunda dos socialistas primevos que agora nos ajuda a explicar como surgiu aquilo que se poderia designar como sua permanente "cegueira para o direito". Em razão da negação da separação entre as esferas, os direitos civis universais recém-criados só poderiam ser levados em conta no tocante à sua importância funcional para aquele centro condutor da economia, devendo ser totalmente desconsiderada a sua importância quanto ao papel emancipatório que poderiam exercer em outras esferas de formação da vontade política[7]. Mas, sendo assim, as potencialidades de libertação das barreiras de comunicação com a institucionalização dos direitos fundamentais estavam desde o início vedadas aos socialistas primevos. Não obstante, teria sido natural se valer do conceito de liberdade social, por eles próprios elaborado, para compreender, com Rousseau, o ancoramento desses novos direitos num processo de formação da vontade coletiva. Fosse mesmo verdade o que rezava o documento de fundação da Revolução, remetendo ao *Contrato social*, ou seja, que, a partir daquele momento, só poderiam reivindicar legitimidade e, com isso, obediência individual aos direitos com que, em princípio, todos os afetados pudessem concordar, com isso haveria uma clara remissão a um processo de deliberação e ponderação que não haveria de se consumar por cada qual individualmente, mas por todos em conjunto, em complementação recíproca de suas convicções[8]. Não obstante, aos socialistas primevos não teria sido difícil decifrar os direitos fundamentais recém-declarados como pré-condição para um tal processo de autolegislação pública, se tivessem conseguido valer-se do próprio conceito de liberdade social também para essa nova forma de ação política. Desse modo, então, talvez pudessem entender o que já estava estabelecido em termos dos direito de liberdade individual como um primeiro passo na criação das condições que,

7 Ver Jügen Habermas, *Fakzität und Geltung, Beiträge zur Diskurstheorie des Rechts und des demokratischen Rechsstaats*, Frankfurt, 1992, cap. III.

8 *Ibidem*, cap. IV.

em princípio, permitiam a todo e qualquer indivíduo participar de forma não coercitiva das atividades coletivas de discussão e votação, e essa participação na verdade apresenta de forma clara o mesmo modelo de complementariedade recíproca no outro, apresentado como a satisfação de necessidades comuns na ação econômica cooperativa. Com isso, a formação da vontade política, nessa ampliação da ideia de contrato social, revelar-se-ia um ato comunicativo transparente cuja realização sem coerções exigiria que todos os implicados dispusessem ao menos dos direitos de opinião e de consciência que lhes foram assegurados pelos direitos fundamentais. Mas essa integração dos direitos fundamentais liberais ao próprio pensamento não se faria possível, já que isso não atribuía nenhum papel independente à ação política no sentido da formação da vontade democrática. No futuro, segundo a convicção da maioria dos socialistas, tudo o que se fizesse necessário para a legislação pública seria tratado pelos produtores juntamente com a regulação cooperativa de suas atividades laborais.

A espantosa cegueira em relação ao significado democrático dos direitos fundamentais também explica por que motivo, para os socialistas, por um longo tempo, foi quase impossível criar uma aliança sistematicamente fundamentada com a ala radical dos republicanos liberais[9]. Também esse movimento surgiu da tenta-

9 Sobre esse complexo problema, ver Wolfgang Mager, "Republik", in *Geschichtliche Grundbegriffe. Historisches Lexikon zur politisch-sozialen Sprache in Deutschland*, vol. 5, p. 549-651, 639-648. Nesse subcapítulo voltado à discussão que se teve no movimento trabalhista alemão sobre a relação com o republicanismo há também a menção de que tanto Marx (in "Randglossen zum Programm der deutschen Arbeiterpartei" [1875], in Karl Marx / Friedrich Engels, *Werke* [MEW], vol. 19, Berlim 1962, p. 15-32, 29) quanto Engels (em "Zur Kritik des sozialdemokratischen Programmwurfs" [1891], in Karl Marx / Friedrich Engels, *Werke* [MEW], vol. 22, Berlim 1963, p. 225-240, 235) eventualmente defenderam uma anuência táctica aos objetivos de um republicanismo democrático. A relação de todo problemática do socialismo com o republicanismo radical é tratada também por Robert Wuthnow, ver *Communities of Discourse*, p. 367 e ss.

tiva de realizar a promessa ainda não cumprida da Revolução Francesa por meio de uma interpretação de seu princípio condutor; a diferença, no caso desse movimento, é que o ponto de partida de tal reinterpretação não residia na ausência da esfera econômica, e sim no déficit de constituição política do novo formato do Estado. Como erro decisivo do republicanismo radical, via-se consideração insuficiente da vontade do povo na legislação política, de modo que como objetivo superior dos esforços reformistas na época pós-revolucionária se fazia valer, em nome do igualitarismo, a conquista de uma participação equânime de todos os cidadãos nos processos legislativos de formação da vontade coletiva. Nesse catálogo de exigências, não é difícil reconhecer – e como aqui, em outro lugar, com ênfases diferentes, dá-se o mesmo apelo – a liberdade já institucionalizada no sentido de uma reciprocidade igualitária e de um trabalho conjunto isento de coerções, para que com isso se conceda ao princípio de soberania popular o necessário caráter de um procedimento de aconselhamento democrático – e, ainda que um republicano alemão como Julius Fröbel, ou, pouco depois, um democrata radical francês como Léon Gambetta não tenham usado a expressão, em seus escritos eles deixam transparecer o esforço de tornar profícua a ideia de liberdade social para a esfera da formação da vontade democrática[10].

Não menos prejudicial foi o efeito da incapacidade do socialismo primevo em aceitar a diferenciação funcional como fato normativo agora em outro campo. Assim como âmbito de ação

10 Sobre Julius Fröbel, ver Jürgen Habermas, "Volkssouveranität als Verfahren", in *Faktizität und Geltung*, p. 660-631, aqui: p. 613 s.; sobre Léon Gambetta, ver Daniel Mollenhauer, *Auf der Suche nach der "wahren Republik". Die französischen 'radicaux' in der frühen Dritten Republik* (1870-1890), sobretudo cap. 3, 4 e 5.

política, também na esfera privada, os domínios sociais do casamento e da família podiam representar uma esfera de aplicação da ideia de liberdade social, ainda que ela, num primeiro momento, fosse formulada apenas com a intenção de uma conformação da organização do agir comunicativo. De modo diferente do que se tinha em relação aos direitos humanos, que, enquanto tais, não chegaram a ser reformados ou ampliados, tendo-se bem renunciado a eles como um todo, no tocante às relações familiares tradicionais os socialistas de primeira hora visualizavam uma grande necessidade de emancipação, já que ali as mulheres eram tratadas como membro dependente do homem e subordinadas a ele. Em meio a essa antevisão dos socialistas da época, uma inglória exceção foi a de Proudhon, que apoiava a família patriarcal de sua época, na qual às mulheres não se reservava papel algum a não ser a educação dos filhos e os trabalhos domésticos[11]. Os saint-simonistas, porém, buscavam soluções institucionais a fim de superar a prevalência do homem no casamento e na família[12]. Meio século depois, Friedrich Engels apresentou sua célebre pesquisa sobre a "origem da família", registrando nela, como fonte do poder masculino nas relações pessoais, o poder de dispor da propriedade privada[13]. Ocorre que a nenhum dos autores socialistas

11 Ver, entre outros, seu escrito polêmico publicado postumamente: Pierre-Joseph Proudhon, *La Pornocratie, ou Les femmes dans les temps modernes*, Paris, 1875.

12 Sobre o papel de Barthélemy-Prosper Enfantin no contexto de uma mobilização do saint-simonismo tendo como objetivo a emancipação das mulheres, ver Salomon-Delatours "Einführung", in Barthélemy-Prosper Enfantin (org.), *Die Lehre Saint-Simons*, p. 9-31, sobretudo, p. 20 e ss.

13 Friedrich Engels, "Der Ursprung der Familie, des Privateigentums und des Statts" in Karl Marx / Friedrich Engels, *Werke* (MEW), vol. 21, Berlim, 1962, p. 25-173. Sobre a crítica ao escrito de Engels, sobretudo o "monismo econômico" aí contido, ver Simone de Beauvoir, *Das andere Geschlecht. Sitte und Sexus der Frau*, Reinbek bei Hamburg, 1968, p. 62-68.

que no século XIX se aliaram ao partido do movimento das mulheres ocorreu a ideia de elaborar as condições de isenção de coerção e equanimidade no seio das relações pessoais valendo-se do mesmo modelo que haviam empregado para o esboço das relações de produção revolucionárias. Ainda que todo o conceito de liberdade social tenha manifestamente se originado no modelo do amor, dele sendo transferido às relações de trabalho na sociedade, quando esteve em causa o então emergente movimento das mulheres, não se empenharam quaisquer esforços para aplicar aquele mesmo conceito em sentido inverso, qual seja, o projeto de emancipação do casamento e da família. No entanto, também esse seria o caminho mais correto, já que todas as relações fundadas no amor e na doação podem ser entendidas, desde o início da era moderna, como relações que se fundam na ideia normativa segundo a qual os participantes se complementam reciprocamente com o objetivo de possibilitar de forma conjunta suas respectivas autorrealizações, e, com isso, cada um deveria representar para o outro uma condição de liberdade[14]. Assim, sem grande esforço, teria sido possível tomar a própria ideia de liberdade social, adaptada ao caso especial das relações sociais afetivas, como modelo normativo também para as condições que prevaleciam no casamento e na família, para que com isso seus membros se complementassem de forma não coercitiva em seus respectivos planos de vida. O fato de os socialistas primevos não terem trilhado esse caminho, com isso tendo desperdiçado a oportunidade de obter mais perspectivas voltadas ao futuro a partir de sua visão original da liberdade social, deve-se, ainda uma

14 A esse respeito: Honneth, *Das Recht der Freiheit*, cap. C.III. I.

vez, à sua incapacidade de reconhecer, mesmo que minimamente, a diferenciação funcional das sociedades modernas. Sempre que tentavam dizer algo sobre o formato futuro das relações familiares, de pronto tornavam a incidir na questão das relações de produção, e isso os fazia considerar o papel da família exclusivamente nas relações laborais, em vez de tomá-la por uma esfera autônoma, na qual teriam de ser concretizadas formas singulares de liberdade social[15].

Evidencia-se neste ponto o claro equívoco que já havia condicionado a incapacidade de passar da esfera da associação produtiva para a dos direitos de liberdade liberais: uma vez que não se tomou conhecimento da obstinação normativa das relações privadas e, em vez disso, visualizou-se apenas uma complementariedade funcional ao processo econômico, acreditando que se podia servir de um monismo econômico, tampouco não se via qualquer razão para, visando a melhorias na esfera de ação do amor, do casamento e da família, desenvolver-se uma semântica autônoma da liberdade. Em vez disso, tudo o que do lado socialista se apresentou como solidariedade ao movimento das mulheres se fez formular, ainda uma vez, de modo restrito às categorias da política econômica. Desse modo contemplava-se as mulheres pela via da inclusão nas relações de produção associativas ainda a se criar no futuro[16], libertando-as do feitiço do patriarcado me-

15 Sobre a desafortunada relação entre o movimento trabalhista e o movimento das mulheres na segunda metade do século XIX: Ute Gerhardt, *Frauenbewegung und Feminismus. Eine Geschichte seit 1789*, München 2009, p. 57-59. Além disso: Mechthild Merfeld, *Die Emanzipation der Frau in der sozialistischen Theorie und Praxis*, Reinbek bei Hamburg 1972, parte 2.

16 A esse respeito, ver a elucidativa reconstrução de Antje Schrupp: "Feministischer Sozialismus? Gleichheit und Differenz in der Geschichte des Sozialismus" ‹http://www.antjeschrupp.de/feministischer-sozializmus/›, último acesso em 01/07/2015.

diante relações de produção associativas. Apesar de todas as tentativas de aproximação, foram-se décadas de relação tensa e infeliz entre o movimento trabalhista e o nascente feminismo. Desse lado, isto é, nas fileiras do feminismo, houve uma crescente conscientização de que a emancipação das mulheres exigia medidas não apenas de equiparação no direito do voto e no mercado de trabalho, mas de mudança cultural fundamental, que se aplicaria às condições de socialização estabelecidas, para que então as mulheres, mediante a libertação dos estereótipos sexistas impostos, encontrassem sua própria voz. Não obstante esse quadro, entre o movimento trabalhista não se desenvolveu nenhuma percepção para consequências desse tipo, aferrado que estava à prioridade determinista da esfera econômica[17]. A relação entre ambos esses movimentos teria sido bem diferente desde o início se os socialistas não se tivessem mostrado prontos a aceder à diferenciação funcional das sociedades modernas, e, em vez disso, procurassem interpretar a esfera das relações sociais como um local autônomo de liberdade social. É que, nesse caso, com base no referido critério normativo – vinculações sociais isentas de coerção, fundadas numa ação com e para o outro e pautadas pelo amor recíproco –, o movimento trabalhista logo teria aberto os olhos para o fato de que a repressão das mulheres começava já, nas relações familiares carregadas de sentimento, em que, com ameaças de violência

17 Quem mais se aproximou da ideia de que a emancipação feminina dos grilhões das relações matrimoniais e familiares tradicionais necessitava de toda uma semântica da liberdade própria foi August Bebel, cujo livro se transformou em clássico: *Die Frau und der Sozialismus* [1879], Berlim, 1946; contudo, mesmo nesse livro persiste a tendência a tomar o "casamento burguês" mera "consequência das relações de propriedade burguesas" (*ibidem*, p. 519), razão pela qual ele se limita à perspectiva de uma socialização das condições de produção, sem tratar propriamente das relações de socialização intrafamiliares (ver *ibid.* cap. 28).

abertas ou sutis, as imagens de feminilidade e os papéis estereotipados se haviam imposto, sem com isso deixar qualquer margem à exploração de sensibilidades, desejos e interesses. O problema também estava menos em fazer as mulheres participarem com iguais direitos na produção econômica, mas, antes de mais nada, em ajudá-las a adquirir autoridade sobre uma autoimagem para além das prescrições masculinas. Por isso, a luta pelas condições de liberdade social na esfera do amor, do casamento e da família deveria ter significado, antes de mais nada, a libertação das mulheres desse viveiro do poder masculino regido por dependência econômica, paternalismo pautado pela violência e atividades estipuladas de forma unilateral, de forma que pudessem entabular relações de reciprocidade na condição de parceiras com direitos iguais. Só mesmo sob essas condições de dedicação mútua e isenta de coerções, ambos os lados poderiam estar em condições de articular um apoio emocional às necessidades e aos desejos um do outro, que poderiam ser compreendidos como real expressão do seu próprio.

O caso é que o socialismo não trilhou o caminho de visualizar mesmo as relações pessoais com base no conceito de liberdade social, e, desde então, tomando-se uma diretriz autônoma, de desenvolver medidas para a melhoria das condições de vida das mulheres. A mesma cegueira demonstrada em relação à teoria racional do estabelecimento de objetivos aparece no tocante à objeção que o movimento feminista enfrentava já naquele momento, qual seja, a de que a igualdade tem de significar primeiramente as pré-condições necessárias para uma articulação não coercitiva e genuína das experiências femininas – essa exigência seria reconhecidamente formulada um século mais tarde, sob o conceito combativo de "diferença"[18]. Na incapacidade de apreciar corretamente a atitude normativa de ambos esses movimentos, ainda uma vez se mostra, com toda a nitidez, quão estreito se mostrou, e desde o início, o horizonte teórico-social do socialismo. Incapaz de ver o sentido de uma luta para a realização das liberdades sociais também em outras esferas que não a do agir econômico, tanto com o republicanismo "de esquerda" quanto com um feminismo cada vez mais radical, o socialismo só se conseguia realizar de duas maneiras: ou os ignorando, ou os acusando de traição da classe "burguesa", e isso sempre uma vez que não fosse possível integrá-los a seu próprio estabelecimento de objetivos, que eram unicamente político-econômicos. E, à medida que, no curso do século XX, ambos os movimentos ficavam mais fortes, podendo não mais serem ignorados e, desta forma, punidos, os socialistas procuraram introduzir, face à situação não mais invisível, as infelizes expressões "contradição principal e secundária", com as quais tornava a se revelar a força de seu apego à herança industrialista do determinismo econômico[19]. Contudo, a tentativa de se renovar também quanto a esse aspecto, corrigindo *a posteriori* a percepção que lhe faltava para as diferenciações funcionais, revela-se empreitada muito mais difícil do que podia parecer à primeira vista; já não se mostra possível substituir o "centrismo" econômico pelas esferas de ação obstinadamente agarradas a suas próprias normas. Para que se tenha um projeto

18 Um esclarecimento conceitual útil e ao mesmo tempo aplicável à teoria social é fornecido por Kristina Schulz, *Der lange Atem der Provokation. Die Frauerbewegung in der Bundesrepublik und in Frankreich 1968-1976*, Frankfurt, Nova York, 2002, cap. v 2.

19 Sobre a história dessa calamitosa diferenciação, ver Friz Haug / Isabel Monal, *"Grundwiderspruch, Haupt / Nevenwiderspruch des Marxismus"*, vol. 5, Hamburg, 2001, p. 1040-1050.

político motivador e orientado para o futuro, faz-se necessária também a ideia do modo como as esferas normativamente diferenciadas se relacionarão no futuro.

Antes de nos ocuparmos diretamente com essa questão, é aconselhável mais uma vez revisar o resultado a que chegamos com relação à incapacidade de diferenciação de esferas vigentes no socialismo clássico. Nosso ponto de partida foi a observação de que nenhum dos primeiros representantes do movimento se esforçou em tirar proveito da ideia de liberdade social para outros âmbitos de competência da reprodução social que não o do agir econômico. Com isso, limitaram-se a investigar a economia de configuração capitalista sob a perspectiva normativa, questionando-se sobre as medidas que poderiam conduzir à transformação no sentido de uma associação mais forte entre os membros da sociedade, sem com isso cogitar se não se deveria considerar também outras esferas reprodutivas sob tal ponto de vista da realização da liberdade social. Como vimos então, o motivo dessa falha foi a falta de disposição dos socialistas primevos para tomar conhecimento do processo, gradualmente consumado, de diferenciação funcional das sociedades modernas. De todo aprisionados no espírito do industrialismo, e com isso convencidos de que também no futuro todos os processos sociais seriam determinados pelos acontecimentos da produção industrial, não viam razão alguma para se ocupar da questão da autonomia das esferas de ação social – ou as já empiricamente dadas, ou as que em princípio eram desejadas. Foi essa recusa em pesar, de qualquer modo que fosse, um processo de diferenciação funcional que então vem explicar o motivo de os socialistas não terem empenhado quaisquer esforços em tirar proveito da ideia de uma liberdade social para a integração normativa de outras esferas de ação: se tais sistemas parciais em princípio não podiam deter uma lógica funcional própria, autônoma, já que o acontecer neles seria sempre determinado por princípios e orientações econômicas, tampouco seria necessário buscar formas autônomas de realização da liberdade social[20].

Se quisermos anular esse passo em falso na formação da teoria do socialismo, serão necessários não apenas domínios plausíveis segundo os quais deva ser razoável submeter mesmo os outros domínios constitutivos da sociedade a uma dependência das formas próprias de liberdade social. Em vez disso, se quisermos que o socialismo continue a conter a visão de uma forma de vida melhor, também será necessário indicar de que modo essas esferas de liberdade social deverão interagir no futuro. No tocante à primeira de ambas essas missões, a solução já foi delineada no decorrer da crítica à omissão do socialismo tradicional, que não tomou conhecimento da autonomia normativa da ação democrática, por um lado, e das relações sociais pessoais, por outro: se as regras constitutivas que os participantes têm de respeitar forem entendidas no sentido de eles próprios compreenderem os produtos de sua ação a partir de uma perspectiva coletiva, como

20 A força dessa herança desastrosa do socialismo, que é a incapacidade de proceder a uma diferenciação funcional, produz efeitos até hoje, como se pode reconhecer pela ingenuidade teórico-social com que Gerald Cohen, ainda no ano de 2009, esboçou a visão de uma sociedade socialista, sem chegar a falar na separação entre as diferentes esferas; em vez disso, como modelo de tal sociedade futura, Cohen toma um acampamento, em que naturalmente não existem quaisquer delimitações entre os diferentes campos de tarefa, que por essa razão se deveriam organizar de acordo com regras específicas: Gerald A. Cohen, *Sozialismus – warum nicht?*, München, 2010. Aqui se faz muito apropriada a frase lacônica de Durkheim, ferrenho defensor da necessidade de diferenciações funcionais, uma vez que a vida social não poderia ser nenhum "acampamento": Émile Durkheim, *Erziehung, Moral und Gesellschaft. Vorlesung and der Sorbonne 1902/1903*, Darmstad, 1973, p. 200.

a se complementarem reciprocamente, então faz sentido supor que tais esferas se baseiem na liberdade social. Segundo o critério de tal perspectiva ampliada, não apenas o sistema de ação econômica, mas também ambas as outras esferas de ação das relações pessoais e da formação da vontade democrática podem ser compreendidas como sistema social em partes, nas quais os esforços desejados só poderão ser realizados se os participantes puderem interpretar suas respectivas contribuições como interligadas e complementares: para as esferas do amor, do casamento e da família, isso significa reconhecer as formas de relação nas quais a prometida reciprocidade só será possível se todos os membros puderem articular suas verdadeiras necessidades e interesses de forma desimpedida e com o auxílio dos demais. Disso resulta, para a esfera da formação da vontade democrática, que os participantes terão de apreender as expressões de suas opiniões individuais como contribuições complementares para o projeto comum de busca de uma vontade geral[21]. Em ambos os casos – como em relação ao sistema econômico –, seria falso e desvirtuador seguir a ideia liberal segundo a qual se trate de subsistemas econômicos nos quais se abram oportunidades meramente subjetivas de realização de intenções privadas e meramente individuais. Desse modo, as obrigações e os compromissos recíprocos têm de ser descritos como ameaçadoramente latentes[22]. Um socialismo revisado, já muito pelo contrário, parte do

21 Ver também: Axel Honneth, "Drei, nicht zwei Begriffe der Freiheit. Ein Vorschlag zur Erweiterung unseres moralischen Selbstverständnisses", in Olivia Mitscherlich-Schönherr / Matthias Schloßberger (org.), *Die Unvergündlichkeit der menschlichen Natur*, Berlim, 2015.

22 Da justificação que apresentei acima, para a tarefa socialista permanente de uma crítica da teoria econômica dominante (ver nota 19, p. 109), depreende-se que o socialismo

princípio de que todos os três âmbitos constituem esferas de ação, em cujas condições deve prevalecer uma reciprocidade isenta de coerção e, com isso, devem prevalecer relações de liberdade social[23]. Assim, tal socialismo não se pode satisfazer com a perspectiva de uma eliminação das relações de dependência estabelecidas e do trabalho alienado na esfera econômica; em vez disso, ele sabe que, enquanto a sociedade moderna não se tornar genuinamente *social*, também no seio das outras duas esferas – isto é, a das relações pessoais e a da formação da vontade democrática –, não será possível sobrepujar de forma bem-sucedida a coerção, a influência e a coação.

Apesar de termos esboçado em seus traços mais amplos o motivo pelo qual um socialismo renovado deveria diferenciar seu conceito condutor normativo e transferi-lo para esferas sociais até aqui bastante negligenciadas, isso porém não basta para se poder substituir a visão antiga e, em última instância, limitada às transformações econômicas, por uma visão nova e mais complexa; isso implica muito mais do que pensar os sistemas parciais agora diferenciados numa condição mais vantajosa, que permi-

também se deveria manter sempre crítico ao arcabouço teórico dominante, por meio do qual a realidade social em ambas as esferas, a das relações privadas e da formação da vontade política, faz-se coproduzida – por exemplo, em relação ao modelo-padrão liberal da família ou a dominante teoria da liberdade, ancorada na liberdade negativa. Se se aceita o fato (normativo) da diferenciação funcional no sentido esboçado, que é de orientação fortemente hegeliana, numa crítica da economia política, com isso não nos podemos ater à crítica da economia política, muito mais sendo o caso de paralelamente exercermos uma crítica às disciplinas hegemônicas que se ocuparam dos dois outros subsistemas constitutivos, que ficaram sempre impregnados de sua terminologia.

23 Essa tripartição das esferas constitutivas não coincide apenas com as de Hegel e Durkheim (sobre Durkheim, ver *Physik der Sitten und der Moral. Vorlesungen zur Soziologie der Moral*, Frankfurt, 1999), mas também com a diferenciação que John Rawls operou em relação à "estrutura fundamental" da sociedade, que ele tomou por objeto primário de sua teoria da justiça: Rawls, *Gerechtigkeit als Fairneß*, p. 32.

tisse um aumento de liberdade social. Para além disso, exige que se conceba também uma interação correta e adequada entre esses sistemas parciais. O socialismo, se não quiser abandonar a tradicional pretensão de imprimir na consciência das forças históricas que o suportam o contorno de uma vida futura que seja tangível a ponto de suscitar a disposição para a sua realização experimental, deve, portanto, sob a condição agora aceita das diferenciações funcionais, poder expressar a forma em que as diferentes esferas da liberdade social se devem harmonizar no futuro.

Para essa passagem difícil, há intuições que se encontram nitidamente já em Hegel, com alguns tênues reflexos também no pensamento de Marx, e essas intuições podem ser-nos de valia. Se, na filosofia social de Hegel, buscarmos o modo como ele pensava a estrutura das esferas sociais que já se diferenciavam segundo pontos de vista funcionais, chegaremos, sem mais, ao ponto de partida de se empregar a imagem de um organismo vivo. Afinal, sempre que Hegel intentava sintetizar o construto colaborativo das sociedades modernas, nisso ele parecia amparar-se na ideia de uma atuação conjuntamente orientada de todos os sistemas parciais com o objetivo de se conservar um todo orgânico: as esferas sociais devem comportar-se entre si como os órgãos de um corpo, que, de acordo com suas normas autônomas, serviriam ao objetivo abrangente de reprodução da sociedade. O que à primeira vista pode parecer enigmático quanto à finalidade interna de um tal processo colaborativo, que é a orientação secreta das partes em operação autônoma para o funcionamento de um todo superior, de pronto se faz compreensível, se assumido como resultado de uma transferência das propriedades do organismo vivo para entidades sociais[24]. Deixemos de lado a pergunta sobre se tal modelo organicista pode ser aplicado empiricamente ao passado e ao presente da sociedade, já que contra essa aplicação pode haver uma série de objeções[25], e, não obstante, tal modelo pode ser tomado como um estímulo para considerações normativas. Para que se tenha uma constituição social intacta e bem ordenada, os diversos sistemas parciais deveriam relacionar-se com o objetivo abrangente da reprodução social, uma vez que eles possibilitam a garantia da sua realização harmoniosa segundo o padrão de órgãos em interdependência colaborativa. Marx parece sempre ter tido em vista uma ideia como essa quando lamentava o regresso de uma relação ainda "inadequada" entre as forças produtivas e as relações de produção, e o atribuía a um defeito de toda a história até aquele momento[26]. Ora, um diagnóstico de crises desse tipo, de constatação de um desequilíbrio sempre repro-

24 O melhor estudo do emprego por Hegel da ideia de organismo em sua filosofia do direito é de autoria de Michael Wolff: "Hegels staatstheoretischer Organizismus: Zum Begriff und zur Methode der Hegelschen "Staatswissenschaft", in *Hegel-Studien* 19 (1982), p. 147-177. Nesse texto se encontram também belas indicações de em que medida Marx se atrela positivamente a esse elemento metodológico da teoria do Estado de Hegel, a fim de torná-lo proveitoso para a sua própria estratégia: *ibidem*, p. 149 s. Para emprego da ideia de organismo no idealismo alemão, ver, em toda a sua extensão: Ernst-Wolfgang Böckenförde, "Organ, Organismus, Organisation, politischer Körper", in *Geschichtliche Grundbegriffe. Historisches Lexikon zur politisch-sozialen Sprache in Deutschland*, vol. 4, no lugar indicado, p. 519-622, 579-586.

25 Ver Durkheim, que faz uso sistemático da analogia do organismo: Hartmann Tyrell, "Émile Durkheim – Das Dilemma der organischen Solidarität", in Luhmann (org.) *Soziale Differenzierung*, p. 181-250.

26 É essa a célebre formulação do "prefácio" de Marx a seu escrito *Zur Kritik der Politischen Ökonomie*: "Em certo estágio de seu desenvolvimento, as forças produtivas materiais da sociedade entram em contradição com as relações de produção existentes ou, o que dessas relações é a pura expressão jurídica, com as relações de propriedade no bojo das quais elas se têm movido até então. Com base em formas de desenvolvimento das forças produtivas, essas relações se convertem em relações de grilhões. Surge então uma época de revoluções sociais" (Karl Marx, *Zur Kritik der Politischen Ökonomie*, [1859], in Karl Marx / Friedrich Engels, *Werke* [MEW], vol. 13, Berlim 1971, p. 5-160, 9.

duzido entre dois sistemas parciais, pressupõe por sua vez que, livre de crises, a situação futura seja descrita em termos de uma interação "orgânica" em diferentes âmbitos funcionais[27].

Se compreendermos a analogia com o organismo nesse sentido normativo para então chegar a uma resposta à pergunta acima esboçada, como fio condutor poderemos tomar a determinação de relações adequadas entre as três esferas de liberdade. Como aqui se mostrou, um socialismo renovado não deve apenas ter o poder de descobrir o potencial de liberdade social a se realizar experimentalmente no futuro nos sistemas parciais que, já diferenciados pela teoria social clássica, façam referência às relações pessoais do agir econômico e da formação democrática. Em vez disso, ele necessita mais de uma ideia vaga e aproximada do tipo de interdependência que essas diferentes esferas devem entabular no futuro. Se nos valermos da solução do problema posto nesses termos, em analogia com o organismo, como a intentada por Hegel e Marx, a solução estará em compreender a conveniência interna de um todo articulado em partes como relação desejável das esferas entre si: no futuro, as três esferas de liberdade deveriam estar relacionadas entre si o máximo possível e de tal modo que cada uma seguisse suas próprias normas, mas atuando de modo a reproduzir, em livre interação, a unidade superior da sociedade como um todo. A imagem dessa interação apropriada das esferas da liberdade independentes pode ser designada como a essência da ideia de uma forma de vida democrática. A se antecipar a essa ideia se tem as estruturas formais, experimen-

27 Sobre a teoria do organismo em Marx, ver Lars Hennings, *Marx, Engels und die Teilung der Arbeit: ein einführendes Lesebuch in Gesellschaftstheorie und Geschichte*, Berlim, 2012, p. 204 e ss.

tais, ainda a serem concretizadas, de uma vida social em comum na qual os sujeitos, na reciprocidade prática de suas relações pessoais, econômicas e políticas, contribuam cooperativamente para as tarefas que, de realização conjunta, são necessárias para a preservação de sua vida em comum. "Democracia" significa então não apenas poder tomar parte de maneira equânime e não coercitiva nos processos de formação da vontade política. Entendida como completa forma de vida, ao dizer "democracia" se tem em mente poder realizar, em cada estação central de mediação entre indivíduo e sociedade, a experiência de uma participação igualitária, na qual a estrutura geral da participação democrática se reflita na individuação funcional de cada esfera[28].

Em relação às antigas noções socialistas de futuro, essa ideia de forma de vida democrática, que o socialismo de hoje tem em mente como imagem de uma sociedade livre, detém a vantagem de levar em conta a autonomia normativa dos diferentes âmbitos funcionais, sem com isso ao mesmo tempo abandonar a esperança num todo harmonioso. Afinal de contas, falar numa *forma* de vida em tal sociedade funcionalmente diferenciada tem de bem significar pressupor uma ordem criada de forma razoável, estruturada de modo harmonioso, que seja mais do que a mera soma

28 A ideia de entender a democracia não apenas como uma forma de governo político, mas como toda uma forma de vida, remonta originalmente a John Dewey (de maneira exemplar ver John Dewey, "Democracy and Education" in *The Middle Works* [1899-1924], Carbondale e Edwardsvielle 1985, vol. 9, p. 92-94; *Die Öffentlichkeit und ihre Probleme*, p. 129); mais tarde, essa ideia foi retomada e desenvolvida por Sidney Hook, discípulo de Dewey (Sidney Hook, "Democracy as a Way of Life", in *Southern Review*, 4 [1938], p. 46-75; a esse respeito, ver Roberto Frega, *Le pragmatisme comme philosophie sociale et politique*, Lormont 2015, p. 113-133). Retomo essa tradição pragmática e a amplio, introduzindo a ideia sistemática de diferenciação funcional, com o intuito de determinar as esferas de ação que, tomadas em conjunto, em razão de sua estrutura democrático-associativa, podem constituir toda uma forma de vida.

de suas partes. O que se aspira, no futuro, é muito mais do que atrair artificialmente as linhas divisórias entre as três esferas de liberdade social, uma vez que, tal como órgãos de um corpo, elas se amparam numa reciprocidade não coercitiva na reprodução da unidade supraordenada da sociedade[29]. Em tal formulação, não é difícil reconhecer que essa nova imagem de um futuro melhor deve-se a nada mais do que ao esforço de transferir a ideia antiga, de liberdade social introduzida já pelos socialistas primevos, para o plano mais elevado dos processos da sociedade tomados como um todo: não apenas os próprios produtores, como queriam os ancestrais do movimento, nem apenas as cidadãs e os cidadãos políticos, bem como seus respectivos nas relações pessoais – como até agora propus em minha intenção corretiva –, mas esses três domínios funcionais devem estabelecer entre si uma relação de complementariedade recíproca para a realização de um objetivo comum. Em nenhum outro de seus elementos no socialismo revisado se tem maior influência de Hegel e menor de Marx do que em tal transferência da liberdade social para os valores de referência das próprias unidades sociais: a sociedade do futuro não deve ser apresentada como um ordenamento centralmente controlado de baixo, das relações de produção, e sim deve ser a ideia de um todo orgânico num círculo de funções independentes, mas de atuação conjunta e orientada para um objetivo, e, nessas funções, os membros podem mostrar-se reciprocamente ativos em liberdade social. No entanto, a antevisão de um socialismo revisado, a ideia de uma interação isenta de coerções entre

29 Tomo aqui as sugestões liberais de Michael Walzer, para delas tirar proveito com vistas à ideia do socialismo: Michael Walzer, "Liberalism and the Art of Separation", in *Political Theory*, 12/3 (1984), p. 313-330.

esferas de liberdade intersubjetivas, com vista ao objetivo superior da reprodução social, certamente não deve ser confundida com uma visão de futuro rígida, alheia a quaisquer mudanças. Como todos os elementos antecipadores dessa nova teoria, relacionados à conformação de futuro, também essa visão "suprema" tem de ser entendida como um puro esquema de orientação que se limita a definir a direção da busca experimental de possibilidades institucionais de implementação. Segundo o critério de saber amparado na experiência, o que deve ser introduzido nas diferentes esferas de condições sociais, a fim de possibilitar uma equânime reciprocidade dos participantes, deve assim, por um lado, orientar-se pelo ponto de vista superior de uma arte de separações adequadas. Em outras palavras, toda alteração que se tiver em mente deverá sempre ser posta à prova se deixar espaço de manobra autônomo à esfera de ação em questão, a fim de que possa constituir, a longo prazo, o órgão de uma forma de vida democrática a operar segundo suas próprias legalidades normativas.

Entretanto, também esse esquema de orientação mantém ainda duas coisas não esclarecidas e, sem sua devida compreensão, faltariam a um socialismo revisado as forças necessárias para motivar uma mudança no agir. Por um lado, o modelo de uma forma de vida democrática até agora esboçado parece transmitir a impressão fatal de que não seria necessária, nem na atualidade, nem no futuro, nenhuma instância de controle que estivesse em condições de acionar as mudanças desejadas, a ser exploradas pela via experimental, e de garantir duradouramente a sua existência sob forma de um processo de desenvolvimento interminável. Ora, a analogia com o organismo, aqui escolhida conscientemente, sugere imaginar esses processos de mudança como resultado de uma ação finalista anônima e abrangente que não exija uma intervenção ativa e investigativa da parte dos seres humanos[30]. Nessa medida, o esquema de orientação até agora esboçado demanda uma correção adequada. Com ela, vai-se intentar mostrar a interação pretendida dos círculos funcionais de liberdade social como o marco a partir do qual os necessários processos de mudança, delimitação e adequação possam ser realizados de modo controlado. Somente quando tal instância de controle reflexivo for identificada é que um socialismo renovado compreenderá com clareza onde terá de atuar em primeiro lugar a fim de acionar os experimentos recomendados no organismo social. O que, na visão de futuro até agora esboçada, não está claro quanto ao ponto de referência social com que deve efetivamente se relacionar a ideia de uma forma de vida democrática. A resposta a essa questão pressupõe, mesmo que sem um exame prévio, que esse ponto de referência deve ser a sociedade circunscrita ao Estado nacional, em cujas fronteiras devem poder se consumar os processos de mudança necessários. Ocorre que, em razão das crescentes interdependências entre os Estados individuais e, com isso, em razão dos processos de transnacionalização que lhes são associados, esse ponto de referência tem-se tornado algo de altamente implausível, de modo que também o socialismo tem de reabrir inteiramente a velha questão de suas relações com o Estado nacional[31].

30 Sobre a crítica dessas premissas da teoria da diferenciação dominante, ver: Utte Schimank, "Der mangelnde Akteursbezug systemtheoretischer Erklärungen gesellschaftlicher Differenzierung", in *Zeitschrift für Soziologie*, 14 (1985), p. 421-434.

31 Sobre a história dessa discussão, que é bastante antiga, ver a antologia fartamente comentada: Georges Haupt / Michael Lowy / Claudie Weill, *Les marxistes et la question nationale 1848-1914, Études et textes*, Paris, 1949.

A primeira de ambas as lacunas ainda remanescentes coloca o difícil problema de se ter de pensar, segundo o modelo orgânico, a interação das esferas de liberdade em processamentos como que independentes uns dos outros, de tal maneira que seja identificável o centro ativo capaz de duradouramente assumir as necessárias funções de controle e demarcação recíproca. Com a resposta a essa pergunta, já se toca no tema importante dos destinatários efetivamente visados por um socialismo revisado, se se quiser compreender a sociedade como uma estrutura funcionalmente diferenciada, com isso devendo ver-se também os atores em uma multiplicidade de papéis alternados – agora já não se tem mais simplesmente a oposição entre "trabalhadores" e "capitalistas", mas, indo-se além disso, e com similar relevância e dinâmica de conflitos, tem-se também o parceiro de relação amorosa, o membro da família, as cidadãs e os cidadãos políticos. Apenas a título de ilustração das enormes dificuldades que resultam da necessária expansão dos grupos de referência, deve-se lembrar mais uma vez com que simplicidade e transparência todo esse complexo de temas se apresenta ao socialismo clássico: contestando todas as diferenciações funcionais, a sociedade ainda se poderia apresentar como um todo continuamente determinado com base nas esferas econômicas, de modo que o proletariado, no passado e no presente, como também no futuro, graças a seu trabalho produtivo, continuaria a ter na mão a alavanca central de conformação da sociedade. Se agora, por boas razões, o determinismo econômico for abandonado e substituído, com a cautela necessária, pela hipótese de uma independência normativa dos âmbitos de função essenciais, ao que tudo indica não se vai continuar a ter *um único* ator que, em razão de sua atividade num setor considerado determinante, venha a zelar também pela formação futura da esfera privada e do sistema de ação política. Em vez disso, parece assinalar-se uma pluralidade de grupos de atores segundo as especificidades de suas funções, e a eles cabe a configuração de seus próprios domínios, de modo que há o risco de nosso socialismo esclarecido em teoria da sociedade perder um parceiro de interlocução central. Desse mal-estar, resultante de se ter de falar com mensagens diferentes, em certa medida específicas para cada tipo de esfera, a interlocutores de todo diferentes, só haverá saída se for possível encontrar uma resposta positiva à pergunta precedente, por um centro de controle possível em meio a todas as autonomias normativas que atualmente se supõem. Nesse caso, os sujeitos ativos nesse centro poderiam funcionar como aquele coletivo que um socialismo revisado procuraria influenciar com sua visão de uma forma de vida democrática, a fim de o motivar a descobertas experimentais.

Também nos podemos valer, ainda uma vez, das sugestões de John Dewey, já que ele foi provavelmente o primeiro a se ater à questão de qual órgão social, numa sociedade complexa, estaria em condições de realizar um controle reflexivo de um processo de crescimento entendido como desejável[32]. Já na obra de Émile Durkheim, partindo de outros pressupostos intelectuais, encontram-se reflexões semelhantes[33], e depois dele foi Jürgen Habermas quem se debruçou com afinco sobre a questão, na sequência das propostas desenvolvidas anteriormente[34]. Entre-

32 Ver Dewey, *Die Öffentlichckeit und ihre Probleme*.

33 Durkheim, *Physik der Sitten und der Moral*, p. 115 e ss.

34 Jürgen Habermas, *Strukturwandel der Öffentlichkeit. Untersuchungen zu einer Kategorie der bürgerlichen Gesellschaft* [1962], Neuwied / Berlim 1971. Entretanto, entre a concepção "funcionalista" de Dewey e a "institucionalista" de Habermas (e a de Hanna

tanto, a solução de John Dewey para o problema esboçado passou a fazer parte do repertório pragmático, podendo ser referida como continuação de sua ideia a que já fiz referência de que só é possível descobrir potenciais não aproveitados para a renovação social mediante uma comunicação o mais ilimitada possível de todos os seus participantes[35]. Se prosseguirmos com essa ideia de perguntar qual instância numa sociedade, detendo funções estruturadas, deverá assumir a tarefa de controle integrativo, evidencia-se que seria o órgão institucional de uma "opinião pública", da qual todos os implicados deveriam participar de forma desimpedida e desobstruída. Afinal, com base na multiplicidade de vozes ouvidas e perspectivas registradas, sua atuação conjunta possibilitaria que rapidamente fossem percebidos problemas presentes fosse nas esferas individuais, fosse na da harmonia entre elas e, desde então, possibilitaria que apresentassem uma série de soluções passíveis de serem verificadas e readaptadas. Traduzindo para a linguagem orgânica que aqui tenho empregado, do raciocínio de Dewey resulta, portanto, que, entre os sistemas de ação na sociedade, aquele que pode exercer a função de controle reflexivo do processo de orientação de finalidade é o que tem por tarefa oferecer um quadro institucional à formação da vontade democrática. Ao modo de *prima inter pares*, a esfera da ação democrática se diferencia da interação visada à medida que se constitui no único ponto em que os problemas advindos de qualquer perspectiva de convivência social podem ser articu-

Arendt), as diferenças que de início eram consideráveis tornaram-se menos evidentes à medida que Habermas entende a esfera pública apenas como um meio da sociedade civil (Habermas, *Faktizität und Geltung*, cap. VIII).

35 Ver acima, p. 98 e ss.

lados de forma audível a todos, com isso sendo passíveis de tratamento como tarefa a ser realizada por todos. E, se ainda se acrescentar a liderança epistêmica à esfera pública política[36] que, em razão de sua influência legitimadora sobre o legislador, possui o poder de transformar as soluções surgidas em direito vinculativo, não deverão pairar quaisquer dúvidas sobre a função de controle: seria a opinião pública democrática das cidadãs e cidadãos deliberantes que, em meio à atuação conjunta de esferas de liberdade independentes, exerceriam o papel de zelar pela adequabilidade do inteiro construto orgânico e, caso necessário, corrigir seus elementos internos. Portanto o modo como a diferenciação funcional, que até agora se parecia dar de forma autônoma, vem a ser, mais uma vez, a formação de uma vontade democrática[37]. O que se realiza no organismo vivo graças a seu plano interno – a maturação em razão da ação conjunta de órgãos que reciprocamente se apoiam e dependem uns dos outros –, no processo de vida democrático, seria assumido por seus mantenedores, mediante uma ação corretiva dos resultados sedimentados pelo caráter conjunto de seu agir.

Com essa perspectiva do que constitui a ideia de uma forma de vida democrática em toda a sua plenitude, por certo que também se responde a questão sobre quem seria o novo destinatário do apelo de um socialismo renovado, a fim de corajosamente continuar em seu caminho, já trilhado no passado, de ampliação de nossa liberdade social com o auxílio de uma exploração experi-

36 Sobre o papel epistêmico dos movimentos que se formam e se articulam no seio da esfera pública democrática, ver Elizabeth Anderson, "The Epistemology of Democracy", in *Episteme. A Journal of Social Epistemology*, 3/1 (2006), p. 8-22.

37 Sobre essa perspectiva: Hans Joas, *Die Kreativität des Handelns*, Frankfurt, cap. 4-3.

mental: só mesmo as cidadãs e os cidadãos reunidos na esfera pública democrática é que poderão ser conquistados, mediante o incentivo a uma ação reformadora, a fim de dar início à prudente remoção das barreiras e bloqueios com a realização de uma reciprocidade não coercitiva em todas as esferas centrais da sociedade. Nem uma determinada classe social, seja ela o proletariado industrial ou os trabalhadores espoliados, nem movimento social algum poderia hoje ser visto como grupo de referência primeiro do socialismo. Em vez disso, seria o caso de o socialismo tentar influenciar aqueles que, na esfera pré-estatal da atuação conjunta de cunho democrático, tivessem ouvidos abertos para as queixas sobre males sociais, desvantagens e abusos de poder, os quais sinalizam sintomáticas restrições à liberdade social no âmbito de diferentes esferas sociais. Como já vimos, num socialismo renovado, uma vez que a hipótese de uma situação social de algum modo fixa, associada a uma disposição revolucionária, ruiu feito um castelo de cartas, as classes ou os movimentos sociais já não podem servir como garantes do êxito futuro[38]. No âmbito do socialismo, como já foi dito antes, muito mais é o caso de substituir toda a crença numa missão na história do mundo pela confiança em que a linha de progresso documentada por conquistas institucionais seja algo que não tolere interrupção arbitrária, e por isso há de prosseguir no futuro. O fato de o socialismo hoje ter diante de si um destinatário na esfera pública democrática que não constitua uma subjetividade coletiva, já que a todo tempo se modifica em sua composição social, apresenta fronteiras pessoais pouco claras e uma estrutura fortemente flutuante e

38 Ver acima, p. 120 e ss.

frágil que não consiste em nenhuma desvantagem, e sim numa vantagem. Pois é precisamente essa abertura, essa atenção pulsante aos temas e perspectivas mais diferentes que está a oferecer a única garantia de que as queixas sobre as limitações à liberdade advindas de qualquer canto da estrutura social possam ser ouvidas para depois serem postas à prova pela narrativa histórica de uma história de progresso que tem sua continuidade na prática. Desse modo, passar a ver cidadãs e cidadãos reunidos no espaço público como interlocutores de suas próprias mensagens não significa apenas abandonar de uma vez por todas a ilusão de um portador do socialismo fixo e previamente existente. Significa, ademais e sobretudo, valendo-se da ideia normativa de "liberdade social", querer representar politicamente os anseios emancipatórios em todos os sistemas parciais da sociedade atual a partir de então. Se o socialismo hoje anseia por muito mais do que a eliminação da servidão e do trabalho alienado na esfera econômica, aspirando também à superação da coerção, do domínio e dos abusos nas relações pessoais e na formação da vontade, ele só vai poder encontrar aliados na área da esfera pública política. Afinal de contas, só então os membros da sociedade deparam com papéis que lhes permitem empenhar-se com vistas a melhorias mesmo quando seus interesses não estejam diretamente implicados. Nessa medida, o socialismo hoje tem de ser uma questão predominantemente de cidadãs e cidadãos políticos, não mais de trabalhadores assalariados – por mais que seja pelo interesse destes que se deva continuar a combater no futuro.

Ainda persiste a difícil questão, há muito presente na história do movimento trabalhista, de se o socialismo deve ser entendido como um projeto socionacional ou como de base internacionalista. A resposta é muito mais difícil do que permitem entrever as cada vez mais fluidas fronteiras do Estado nacional. Por um lado, fala-se hoje – ao menos mais do que no século XIX, quando o movimento se iniciou – em se entender a visão do socialismo de antemão como um esboço político-social, que só poderia encontrar aplicação para além das fronteiras dos Estados nacionais. O que se deu é que, desde então, a regulação normativa das diferentes esferas de ação a tal ponto parece ter fugido do controle "soberano" dos Estados individuais que dificilmente se poderá continuar a realizar todas as melhorias visadas pelo socialismo nessas esferas num único país. Basta pensar no sistema econômico capitalista, no qual há muito tempo existe uma tão intensa rede de conexões e interligações operacionais que diante dela o poder de controle dos atores dos Estados nacionais se revela insuficiente. Com a tendência à crescente interdependência dos Estados, a teoria socialista deveria mais acompanhá-la, inserindo os experimentos de possibilidade de ampliação das liberdades sociais num plano que já não leve em conta as fronteiras nacionais. E, uma vez que, como temos visto, as iniciativas para tais explorações experimentais devem sempre de algum modo partir da esfera pública democrática, também esta em breve viria a necessitar de uma transnacionalização que fosse a mais ampla possível, a fim de poder fazer frente às forças contrárias que operam em âmbito internacional. Mas tudo isso não apenas é mais fácil de dizer teoricamente do que de implementar de forma prática na realidade[39] e, além do mais, tampouco corresponde de forma

39 Sobre as dificuldades, ver Kate Nash (org.), *Transnationalizing the Public Sphere*, Cambridge, 2014.

plena à realidade social, que apresenta mais desigualdades do que o discurso sobre "sociedade mundial" estaria disposto a admitir[40].

As dificuldades começam bem ao se ter de deixar claro que as esferas de ação antes diferenciadas foram enredadas, em graus bastante distintos, na tendência para a regulamentação em âmbito não mais dos Estados nacionais, e sim em âmbito global. Desse modo, o sistema econômico constitui hoje uma esfera amplamente controlada e regulada pela "sociedade mundial", mas isso não vale para as esferas da família, das relações íntimas e de amizade, cuja constituição interna é amplamente determinada pelas circunstâncias normativas e jurídico-políticas de um país ou de um círculo cultural supranacional. Enquanto na Europa o casamento entre homossexuais começa a se impor como dispositivo legítimo e legalmente permitido, em outras regiões, com base em tradições que prevaleçam como antes, isso ainda é impensável. Uma segunda dificuldade consiste em que os ordenamentos sociais funcionalmente diferenciados, dos quais se vale o socialismo renovado, de modo diferente de seus antecessores vem demandar, em ampla medida, garantias certificadas pelas constituições e direitos fundamentais, para com isso possibilitar a seus membros a mudança não coercitiva entre os diferentes papéis. Mas, à medida que tais regulamentações dos direitos fundamentais são criadas e mantidas por Estados nacionais individuais, que quanto a esses aspectos continuam a ser soberanos, por certo não é aconselhável deixar de imputar às sociedades nacionais

40 A esse respeito, vale a leitura: Forschungsgruppe [grupo de pesquisa] Weltgesellschaft, "Weltgesellschaft: Identifizierung eines 'Phantoms'", in *Politische Vierteljahreschrift* 37/1 (1996), p. 5-26; Lothar Brock / Mathias Albert, "Entgrenzung des Staatenwelt. Zur Analyse weltgesellschaftlicher Entwicklungstendenzen", in *Zeitschrift für Internationale Beziehungen*, 2/2 (1995), p. 259-285.

algum papel nos processos de diferenciação funcional[41]. A postulação esboçada por Ulrich Beck, pela qual, de agora em diante, no âmbito metodológico da teoria social, só se deveria pensar em categorias cosmopolitas[42], revelou-se precipitada, por não levar em conta a intensidade com que amplos setores de nossa realidade social continuam a ser determinados por regulamentos válidos somente em nível internacional. Uma terceira dificuldade com que se defronta uma tentativa de renovação do socialismo resulta, por fim, da circunstância de que, entre os fatos da internacionalização crescente e da consciência social, existe uma lacuna temporal. Ainda que as regras normativas das esferas sociais sejam hoje cada vez mais determinadas pelo âmbito transnacional, grande parte das populações continua a atribuir a "seus" próprios órgãos de Estados nacionais a capacidade de admitir e modificar tais regras segundo suas disposições democráticas. Por certo que seria equivocado interpretar essa defasagem da opinião pública como consequência, de modo puro e simples, de uma falta de sentido de realidade ou da tão apregoada idolatria da consciência cotidiana. Essa defasagem deve muito mais ser interpretada como expressão de uma necessidade prático-política de imputar processos importantes a instâncias de modo geral visíveis no próprio ambiente dos cidadãos dos quais se pode exigir a prestação de contas ou a intervenção. Mas, seja qual for a interpretação correta dessa defasagem temporal, quando se tem em vista o propósito de um socialismo revisado, a lacuna entre o

41 Tyrell, "Anfragen and die Theorie der gesellschaftlichen Differenzierung", p. 187.

42 Ulrich Beck / Edgar Grande, "Jenseits des metholologischen Nationalismus: Außereuopäische und europäische Variationen der Zweiten Moderne", in *Soziale Welt*, 61 (2010), p. 187-216.

desenvolvimento factual e sua tomada de conhecimento público é um obstáculo de difícil superação. Por um lado, não se pode simplesmente ignorar a consciência "defasada" de cidadãs e cidadãos, já que se faz necessário conquistar seus interesses e seus humores para o processo normativo. Por outro lado, não se pode negar a verdadeira dimensão da perda de soberania do Estado somente para se chegar, o mais rápido possível, a um consentimento público – no primeiro caso, tem-se a ameaça do risco de vanguardismo ou de elitismo, enquanto que, no segundo, tem-se a do populismo.

Todas essas defasagens tanto mais evidenciam o quanto seria precipitado entender o socialismo hoje, de antemão e sem mais diferenciações, como um projeto "internacionalista". É verdade que ele não aspira a nada mais que fomentar explorações experimentais em âmbito mundial, as quais se deixam conduzir pelo objetivo de criação de uma forma de vida democrática. Em todos os países, sob seu patrocínio espiritual, devem ser empenhados esforços para se criar as condições de uma reciprocidade não coercitiva e equitativa nas diferentes esferas das relações sociais, da ação econômica e da formação da vontade política, condições que venham a mutuamente se complementar no todo orgânico de uma forma de vida. Nesse sentido normativo, o socialismo, como não poderia deixar de ser, constitui um empreendimento "cosmopolita" ou "internacionalista". Deve-se direcionar um apelo não apenas às cidadãs e cidadãos da Europa ou das regiões em desenvolvimento econômico, mas também aos habitantes de todos os países para que realizem os princípios estabelecidos na Revolução Francesa, ou seja, liberdade, igualdade e fraternidade, a fim de tornar a sociedade efetivamente "social". Se quisermos que essa visão constitua o vínculo comum, unindo espiritualmente experimentos realizados nos mais diferentes lugares com vistas à ampliação de nossas liberdades sociais, o socialismo, ao mesmo tempo, terá de ser mais do que um internacionalismo entendido em tal sentido normativo. Ele terá de ser entendido também, do ponto de vista organizacional, como um movimento de caráter mundial, no qual os projetos implementados localmente se possam complementar para que esforços sociopolíticos sejam empenhados em qualquer outro lugar. Dita numa única fórmula, a regra para esse tipo de internacionalismo socialista poderia ser a de que as intervenções experimentais realizadas numa região deveriam sempre, ao mesmo tempo, poder elevar as perspectivas de êxito em experimentos implementados em outras regiões. E, caso essas interdependências se revelem fortes a ponto de só ser possível se testar hipótese em âmbito mundial – por exemplo, no caso do imposto sobre o capital com vistas a uma distribuição sustentável[43] –, deverá valer de fato a disposição comparativamente mais elevada, pela qual se faz necessário influenciar os agentes políticos em todos os Estados ao mesmo tempo mediante ações coordenadas. Entretanto, ambos os elementos, isto é, tanto a complementariedade recíproca quanto a interligação em âmbito mundial de experimentos consagrados a princípio apenas localmente, encontram-se associados à condição de existência de um centro de organização que opere globalmente e, tendo como modelo a Anistia Internacional ou o Greenpeace, recorra a representações no maior número possível de países, assumindo neles o trabalho de coor-

43 Piketty, *Das Kapital im 21. Jahrhundert*, cap. 14.

denação que for necessário. Nessa medida, o socialismo hoje, se quiser continuar crescendo como movimento à altura das relações modificadas na ordem internacional, deve seguir o padrão das organizações não governamentais, que, de forma bem-sucedida na ordem global, organizam-se como órgãos representativos, internacionalmente interligados, de exigência moral de uma realização das liberdades sociais.

Por certo, é bem nesse nível, de uma associação organizativa para além de todas as fronteiras de Estados, que o socialismo tem de se manter enraizado em espaços geográficos em que se dispõe de afinidades culturais e jurídicas para que se possa minimamente fazer surgir esferas públicas políticas. Se o socialismo deseja, antes de mais nada, procurar atuar sobre o círculo de cidadãs e cidadãos que se engajam publicamente a fim de suprimir problemas sociais, ele só o pode fazer num ambiente em que as sensibilidades e atenções normativas coincidam de tal maneira, que, em razão de suas percepções convergentes dos problemas, os indivíduos possam estar prontos para atuar coletivamente. Com isso já não tem tanta importância se essas esferas públicas ainda têm hoje um caráter de sociedade nacional, ou se já assumem os primeiros traços de um quadro transnacional. O que importa é que as sensibilidades normativas dos possíveis destinatários coincidam a ponto de eles poderem perceber como desafios conjuntos os problemas que, no âmbito da realização da liberdade social, ainda não foram resolvidos. O socialismo de hoje, tendo em vista a finalidade de uma mobilização prático-política, não obstante a necessidade de possuir uma forma de articulação e de organização em âmbito mundial, deve sempre em primeiro lugar ser ativo em âmbito local, em campos de referência da ação coletiva que sejam razoavelmente transparentes. É desde então que o socialismo deve procurar conquistar os interessados no projeto ético que visa a liberar os potenciais de uma reciprocidade mais intensa e, com isso, de uma realização futura das liberdades sociais.

Da tensão em que o socialismo se encontra, entre a obrigação de criar redes internacionais e a exigência de uma ancoragem em tradições locais, resulta sua necessidade de apresentar-se simultaneamente em duas frentes diferentes. Ao modo de paráfrase a uma célebre distinção operada por John Rawls[44], talvez se possa dizer que o socialismo só poderá assumir a função de guardião da liberdade social em âmbito mundial sob a forma de uma doutrina política enquanto a força para a mobilização de esferas públicas estabelecidas localmente lhe puder ser conferida sob a forma de uma doutrina provida de densidade ética, ligada às circunstâncias culturais de uma região. Se, no primeiro papel, como elo intelectual entre as lutas disseminadas por todo o globo, o socialismo deve-se abstrair de todas as éticas do mundo da vida, para com isso poder demonstrar sua compatibilidade com os princípios expandidos de liberdade social, no segundo papel, como fornecedor de ideias para experimentos sociais de cunho local, ele deve-se reconverter numa saturada, abrangente "teoria global" (Rawls), a fim de poder conquistar os corações, e não apenas o entendimento dos participantes. Para o exterior, poder-se-ia dizer, para o que nos últimos tempos se passou a chamar de "esfera pública mundial", o socialismo pode-se apresentar apenas como "teoria política", eticamente neutralizada, mas para o inte-

44 Ver John Rawls, "Gerechtigkeit als Fairneß : politisch und nicht metaphysisch", in *Die Idee des politischen Liberalismus. Aufsätze 1978-1989*, Frankfurt, 1992, p. 255-292.

rior, ou seja, para seus destinatários concretos, ele só poderá ser efetivo sob a forma de uma teoria explícita do mundo da vida que seja produtora de sentido[45].

Para o socialismo, essa fratura entre duas formas diferentes de uma só e mesma ideia será tanto mais fácil de dominar quanto mais decididamente, em sua missão mobilizadora, ele se voltar para o interno e insistir no sentido de uma abertura da eticidade do mundo da vida para fora, tornando-a moralmente sensível a interesses externos. Não há esfera pública com raízes regionais que, no sentido da promoção da liberdade social, o socialismo procure influenciar hoje que se mantenha isolada de seu ambiente e de outras regiões do mundo a ponto de ser impossível incluir suas necessidades e aspirações dentro de suas fronteiras. Por isso, na tematização dos desafios comuns, já nenhuma dessas esferas pode-se esquivar do desafio comum acerca dos modos pelos quais essas reivindicações externas poderiam ser levadas em conta para a solução interna de tais desafios. Hoje, todos os destinatários coletivos do socialismo são de tal modo atraídos para o turbilhão de uma transnacionalização moral que já não se podem fechar às exigências postas por cada qual desses outros destinatários. Essa é a tendência de evolução que se tem na atualidade, na qual o socialismo se deve amparar na contínua redução da distância entre ambas as ramificações teóricas. A tentativa de, a partir de dentro, conquistar as respectivas esferas públicas para a ampliação experimental das liberdades sociais deve fazer

45 Entretanto, para empregar uma fala de John Rawls, a fim de que o socialismo continue a ser uma "teoria global", que possa dispor de motivos convincentes para a esperança, ele deve, ao contrário de outras "teorias globais", tornar-se uma plataforma teórica de "consenso abrangente" sob as condições de um "pluralismo racional".

com que, de forma clara e veemente, o socialismo ouça as vozes de todos os grupos até então excluídos, a fim de levar em conta seus interesses na busca de soluções adequadas. Quanto mais exitosa essa inclusão do outro na descoberta realizada em conjunto, aqui e agora, de possibilidades futuras de ampliação da liberdade, menor será a distância que até agora tem separado ambas as formas teóricas do socialismo. Afinal, incluindo-se todas as demais vozes "de fora" nos processos de investigação locais, amplia-se o círculo dos que podem ser considerados membros da esfera pública de investigação e, por isso, destinatários da doutrina ética abrangente. Se esse caminho de abertura das esferas públicas localmente sediadas poderá permitir ou não que se encerre de dentro para fora a lacuna entre ambas as versões do socialismo, a ponto de fazê-las coincidir por terem diante dos olhos um único destinatário, tem-se então uma das perguntas que hoje ainda não se pode responder. E aqui se pode ter como única resposta possível a que for orientada pela ideia de liberdade social concebida como experimento e, por meio desse experimento, buscamos delimitar passo a passo um futuro indeterminado, para dele nos apropriarmos ao modo de tentativas.

■

Com essas considerações de amplo escopo, chego ao final de minha tentativa de libertar o socialismo de sua bitola enraizada no século XIX, emprestando-lhe uma forma adequada a nosso presente. Muitos desvios foram necessários, numerosos empréstimos de outras tradições de pensamento se fizeram indispensáveis, até que fossem criados os fundamentos normativos para se proporcionar uma versão ainda hoje abrangente da harmonização entre liberdade, igualdade e solidariedade com vistas a superar o liberalismo de seu interior. Foi preciso não só proceder a uma despedida definitiva da ideia do proletariado como sujeito revolucionário, substituir a ideia de história dos pais fundadores por um experimentalismo histórico e adequar o fio condutor da liberdade social às condições de diferenciação social, como também, na sequência das mudanças, fez-se necessário renovar a antiga visão de uma sociedade economicamente administrada em favor de uma forma de vida democrática. Ao cabo das revisões assim empreendidas, o socialismo por fim assumiu uma forma na qual a maioria de seus apoiadores de outrora por certo encontrarão dificuldade para perceber os elementos que antes consideravam o traço mais próprio, bem como o impulso teórico do socialismo. Parece ter ficado para trás a confiança numa tendência à autodestruição, intrínseca ao capitalismo, como parece ter ficado para trás a esperança numa classe ela mesma produzida pelo capitalismo, e que já trouxesse em si o germe do novo. Entretanto, aqueles que, em razão dessa decepção, vierem a contrapor dúvidas à minha proposta de revisão deverão perguntar-se se a rígida insistência nas amadas ilusões não os conduzirá talvez a uma última oportunidade de tornar a conferir a seu projeto esperanças fundamentadas em sua possibilidade de realização futura. Seria muito mais realista fundamentar, hoje, a esperança numa futura possibilidade de mudança da ordem atual não mais no vigor de alguma classe, mas nos indícios de um progresso social a apontar para o futuro, e em seu surgimento o próprio socialismo esteve na linha de frente nos últimos duzentos anos. De modo muito mais preciso, ter-se-ia uma mudança na consciência de conflito da atualidade se o socialismo se fizesse advogado moral dos alargamentos das liberdades não apenas nas relações de produção, mas também nas relações pessoais e nas possibilidades de coparticipação política.

Se a ideia de liberdade social for transferida às três esferas constitutivas das sociedades modernas, conforme esbocei em minhas explanações, e, portanto, se for usada não apenas no âmbito da ação econômica, mas também para a formação de vontade política e no das relações pessoais, só então revelar-se-á, em toda a sua amplitude, aquilo pelo qual o socialismo hoje luta, com suas visões originais. No contexto do capitalismo constituído de forma democrático-liberal, o socialismo tem a tendência histórica de paulatinamente superar as dependências e exclusões sociais, ressaltando sempre e em toda a parte que, sob as dadas condições, de modo algum é possível uma realização da prometida interação de liberdade, igualdade e solidariedade. Segundo a convicção socialista, para tanto far-se-ia necessária, antes de mais nada, uma conversão de todas as esferas de ação centrais, o que criaria as pré-condições institucionais para que os membros da sociedade pudessem mostrar-se ativos para os outros sem nenhum tipo de coerção. Tal socialismo não se pode contentar com a perspectiva de eliminação da heteronomia e do trabalho alienado na esfera econômica, pois ele sabe que a sociedade moderna não se tornará genuinamente social enquanto persistirem coerções, pressões e constrangimentos no seio de ambas as outras esferas, das relações pessoais e da formação da vontade democrática. Desse modo, em comparação com a autocompreensão teórica de seus pais fundadores, esse socialismo revisto pretende a um só tempo mais e menos: por um lado, em suas visões de um futuro melhor, ele se pode limitar não apenas à esfera do agir econômico por meio de medidas apropriadas, uma vez que, com o passar do tempo, aprendeu que, nas relações familiares e amorosas, como no processo de formação da vontade pública, faz-se necessário provocar condições de liberdade social. Por outro lado, porém, diferentemente de seus antepassados, o socialista já não pode mais se apoiar na ideia de quaisquer inevitabilidades históricas, devendo, por essa razão, identificar o que deve ser provocado nas diferentes esferas, sempre mediante novas descobertas experimentais, valendo-se dos conhecimentos modificados decorrentes.

Não obstante as constantes readaptações de fins e meios, a direção para a qual tal socialismo revisado não deve deixar de olhar, para a qual deve continuar a mirar, contemplando retrospectivamente os encorajantes sinais históricos das reformas já conquistadas, é uma forma de vida em sociedade na qual a liberdade individual não prospere às custas da solidariedade, mas com o auxílio da solidariedade. Por fim, para esse objetivo, eu não conseguiria melhor imagem do que a interação não coercitiva de todas as liberdades sociais na diferença de suas respectivas funções: nossa sociedade só se tornará social no pleno sentido do termo quando todo e qualquer membro da sociedade puder satisfazer as necessidades compartilhadas de intimidade física e emocional, para tanto podendo contar com a participação e colaboração de seus parceiros de interação.

ÍNDICE ONOMÁSTICO

1ª **edição** março de 2022 | **Fonte** Berling LT Std
Papel Book Creamy 70 g/m² | **Impressão e acabamento** Imprensa da Fé